Praxis Sprache 7

Arbeitsbuch für das gemeinsame Lernen

Herausgegeben von   Wolfgang Menzel

Erarbeitet von   Jördis Coldewey

    Dörte Glismann

    Wolfgang Menzel

    Christiane Röhrich

Illustriert von   Konrad Eyferth

westermann

Diagnostizieren. Fördern. Evaluieren.
Die OnlineDiagnose zu diesem Lehrwerk testet die wichtigsten Kompetenzen und erstellt individuelle Fördermaterialien und Arbeitshefte zum Downloaden oder Bestellen. Nähere Informationen unter **www.onlinediagnose.de**

westermann GRUPPE

© 2014 Bildungshaus Schulbuchverlage
Westermann Schroedel Diesterweg Schöningh Winklers GmbH,
Georg-Westermann-Allee 66, 38104 Braunschweig
www.westermann.de

Druck A⁴ / Jahr 2022
Alle Drucke der Serie A sind im Unterricht parallel verwendbar.

Die Seiten dieses Arbeitshefts bestehen zu 100 % aus Altpapier.

Damit tragen wir dazu bei, dass Wald geschützt wird, Ressourcen geschont werden und der Einsatz von Chemikalien reduziert wird. Die Produktion eines Klassensatzes unserer Arbeitshefte aus reinem Altpapier spart durchschnittlich 12 Kilogramm Holz und 178 Liter Wasser, sie vermeidet 7 Kilogramm Abfall und reduziert den Ausstoß von Kohlendioxid im Vergleich zu einem Klassensatz aus Frischfaserpapier. Unser Recyclingpapier ist nach den Richtlinien des Blauen Engels zertifiziert.

Redaktion: Regina Nußbaum, Katharina Kreutzmann
Layout und Herstellung: Druckreif! Sandra Grünberg, Braunschweig
Umschlaggestaltung: Janssen Kahlert Design & Kommunikation GmbH
Druck und Bindung: Westermann Druck GmbH,
Georg-Westermann-Allee 66, 38104 Braunschweig

ISBN 978-3-14-**120795**-8

→ Lösungen zum Arbeitsbuch für das gemeinsame Lernen

Seite 5:
Aufgabe 2:
Luisa, Marc und Marie sind für gemischte Mannschaften.
Olli und Anna sind für getrennte Mannschaften.

Seite 6:
Aufgabe 3:
Gründe: mehr Tempo im Spiel; härtere Schüsse gehören dazu, sonst wäre es langweilig
Aufgabe 4:
Anna: Jungen schießen zu hart und spielen zu ruppig
Olli: Mädchen stehen nur doof rum und man verliert wegen ihnen
Aufgabe 5:
Marie: Und ich finde es super, mit den Jungen zu spielen. Nur, weil ich nicht so schnell bin und nicht so hart schießen kann, soll ich jetzt nicht mehr mitspielen? Das ist nicht fair! Außerdem spiele ich gut. Beim letzten Mal habe ich sogar ein Tor geschossen. Es kommt nämlich auch auf Taktik an. Und darin bin ich sehr gut.
Aufgabe 6:
Die richtigen Antworten sind:
a) Sie wählt passende Satzanfänge.
b) Sie bleibt beim Thema und begründet ihre Meinung.
Aufgabe 7:
„Ihr seid langweilig!"
Aufgabe 9:
c) Ich bin der Meinung, dass Jungen härter spielen als Mädchen. Den Mädchen macht das deshalb oft nicht so viel Spaß. Deshalb finde ich getrennte Mannschaften gut.

Seite 7–8:
Aufgabe 10 (mögliche Lösung):
Luisa: Ich freu mich schon auf Fußball!
Olli: Au ja, aber diesmal würde ich gerne in getrennten Mannschaften spielen.
Anna: Das finde ich gut! Ich spiele gern mit Mädchen, weil das Spieltempo etwas langsamer ist. Und die Schüsse sind weicher.
Luisa: Ich finde gemischte Mannschaften besser, weil da auch mal Tempo ins Spiel kommt. Ich spiele gern Fußball, und da gehören auch härtere Schüsse dazu. Ich kann ja schließlich auch etwas härter schießen.

Anna: Das stimmt. Du bist aber auch im Verein. Für mich ist das anders, weil es mir schwerfällt, mit den Jungen mitzuhalten.
Meiner Meinung nach wäre es fair, wenn wir mal in getrennten und dann wieder in gemischten Mannschaften spielen.
Olli: Ich bin der Meinung, dass Jungen härter spielen als Mädchen. Den Mädchen macht das deshalb oft nicht so viel Spaß. Deshalb finde ich getrennte Mannschaften gut.

Seite 8:
Aufgabe 11 (möglich Lösung):
Ich bin der Meinung, dass gemischte Mannschaften besser sind, weil ich nämlich auch gerne Fußball spiele, auch wenn ich nicht so schnell und stark bin wie die Jungen.

Seite 9:
Aufgabe 3: 1. Satz: vorhin; 2. Satz Hund;
Aufgabe 4:
1. Satz: Ich; 2. Satz gestern; 3. Satz Zimmer

Seite 11:
Aufgabe 2 (mögliche Lösung):
Liebe Eltern! I Liebe Mitschülerinnen und Mitschüler! II
Wir sind nun fast am Ende unseres Programms, I aber das Beste kommt wie immer zum Schluss. II
Ich weiß, I ihr könnt es kaum erwarten, sie zu sehen. II
Wir haben es geschafft, I sie für euch einzuladen. II
Heute Abend ist sie tatsächlich bei uns. II
Und das Tollste ist: I Sie will keinen einzigen Euro dafür. II
Ihr Wunsch ist es, I einmal mit unserer Schülerband „Die vollen Hosen" aufzutreten. II
Das haben wir möglich gemacht. II
Und hier ist sie: I Susi Suuuperstar! II Applaaauuus!

Seite 13:
Aufgabe 3:
Mert: Welche Eigenschaften sollte man als Tierpfleger mitbringen?
Sergei: Man sollte selbstständig arbeiten und nicht empfindlich sein.
Der Hauptteil der Arbeit besteht nämlich darin, dass man Ställe sauber macht. Auch Tiere sollte man mögen, egal ob groß oder klein. Und wenn ein Tier stirbt, dann muss man damit fertig werden können.

Das ist nicht immer einfach. Am besten ist es, vorher ein Praktikum zu machen. Dann merkst du, ob Tierpfleger ein Beruf ist, der zu dir passt.

Aufgabe 4 (mögliche Lösung):

2. Was muss man als Tierpfleger alles tun?

Als Tierpfleger muss man die Tiere füttern, sie aus dem Stall raus- und reinlassen, immer einen Blick auf sie haben, die Ställe und Außenanlagen ausmisten und die Zäune des Geheges überprüfen.

3. Wie wird man Tierpfleger?

Die Ausbildung dauert drei Jahre. Ein bestimmter Schulabschluss ist nicht vorgeschrieben. Man verdient ungefähr 774 Euro im Monat.

4. Wo kann man als Tierpfleger arbeiten?

Als Tierpfleger arbeitet man in Wildgehegen, Zoos und Naturparks.

5. Welche Eigenschaften braucht man als Tierpfleger?

Es ist wichtig, dass man selbstständig arbeitet und nicht empfindlich ist. Auf jeden Fall sollte man Tiere mögen. Aber auch mit dem Tod eines Tieres sollte man fertig werden können.

Seite 14:

Aufgabe 2 (mögliche Lösung):

Stichwörter: ein eigenes Erlebnis erzählen, über eine besondere Aufgabe des Tierpflegers berichten

Aufgabe 3 (mögliche Lösung):

Letzte Woche habe ich mit Freunden einen Zoo besucht. Dort konnte ich mit einem Tierpfleger über seine interessante Arbeit sprechen. Er hat mir etwas darüber erzählt, welche Eigenschaften man als Tierpfleger haben sollte. Und er hat mir empfohlen, dass es gut ist, in diesem Beruf einmal ein Praktikum zu machen. Davon möchte ich euch heute gerne berichten.

Seite 15:

Aufgabe 2:

Schulabschluss: keine bestimmte Vorgabe

Verdienst / Monat: 774 Euro

Arbeitszeit: 6.30 Uhr bis 16.00 Uhr, bei Tiergeburten auch manchmal nachts

Welche **Eigenschaften** braucht man?

selbstständiges Arbeiten; Freude an Tieren; Man darf nicht zu empfindlich sein und man muss stark sein, wenn ein Tier stirbt.

Seite 17:

Aufgabe 4: **2. Absatz:**

Die zu markierenden Wörter sind: Kreuzspinne, 18 mm, Gärten, Wiesen, Zwergspinne, an Wald- und Wegrändern, 2 mm.

3. Absatz:

Die zu markierenden Wörter sind: exotische Spinnen, Vogelspinne, größten … der Welt, 100 g.

4. Absatz:

Die zu markierenden Wörter sind: nützliche Tiere, fressen … Insekten, natürliches Gleichgewicht

5. Absatz:

Die zu markierenden Wörter sind: geschickte Jäger, Netze, Fäden, Gift, einwickeln, aussaugen

6. Absatz:

Die zu markierenden Wörter sind: alle Spinnen sind … giftig, töten, heimische … nicht schlimmer als ein Insektenstich

Aufgabe 5:

2. Absatz: Spinnenarten in Deutschland

3. Absatz: Die Vogelspinne

4. Absatz: Nützliche Tiere

5. Absatz: Geschickte Jäger

6. Absatz (mögliche Lösung):

Das Gift einer Spinne oder Spinnengift

Seite 18:

Aufgabe 6:

Absatz 1: **Spinnentiere**

zweigeteilter Körper, Kieferklauen, zwei kleine Tastarme und acht Beine, Spinnwarzen

Aufgabe 7:

Absatz 2: **Spinnenarten in Deutschland**

Kreuzspinne, 18 mm, Gärten, Wiesen, Zwergspinne, lebt an Wald- und Wegrändern, 2 mm

Absatz 3: **Die Vogelspinne**

exotische, Vogelspinne, eine der größten Spinnen der Welt, 100 g

Absatz 4: **Nützliche Tiere**

nützlich, fressen … Insekten, natürliches Gleichgewicht

Absatz 5: **Geschickte Jäger**

geschickte Jäger, Netze, Fäden, Gift, einwickeln, aussaugen

Absatz 6: **Das Gift einer Spinne** oder **Spinnengift**

alle Spinnen sind … giftig, töten, heimische … nicht schlimmer als ein Insektenstich

Seite 19:

Aufgabe 3: Fußball

Aufgabe 4: Turnen mit 38 %

Seite 20:

Aufgabe 6: Die gesuchte Sportart ist **Tennis**.

Aufgabe 7: Nur **5,7 %** der Mädchen spielen Tennis.

Aufgabe 8: Basketball und Taekwondo sind bei Mädchen und Jungen eher unbeliebt.

Aufgabe 9: Bei Jungen steht das **Turnen** mit **15 %** an zweiter Stelle.

Aufgabe 10: **Fußball** steht bei Mädchen mit **15 %** an zweiter Stelle.

Seite 21:

Aufgabe 11: Die folgenden Aussagen sind richtig:

Die Lieblingssportart der Jungen ist Fußball.

Fußball und Turnen stehen bei Mädchen und Jungen ganz oben in der Beliebtheit.

Mädchen und Jungen betreiben am seltensten Basketball und Taekwondo.

Seite 22:

Aufgabe 2: Der eingeklemmte Hund

Aufgabe 3:

Diese Anzeige wirbt für den VW Golf TDI.

Seite 23:

Aufgabe 5:

Der „Eye-Catcher" der Autowerbung ist der eingeklemmte Hund.

Aufgabe 6 (mögliche Lösung):

„Warum fährt mein Herrchen nur wieder so schnell? Ich werde, seit er das neue Auto hat, immer in der Sitzbank eingeklemmt."

Aufgabe 7:

Der Grund dafür ist die unglaubliche Beschleunigung des Autos und die schnelle Fahrweise seines Herrchens.

Aufgabe 8:

Die folgenden Aussagen sind die sinnvollsten:

…, weil man das Auto wegen seiner unglaublichen Beschleunigung besitzen möchte.

…, weil man mit diesem Auto schnell und sportlich fahren kann.

…, weil man mit diesem tollen Produkt „in" ist.

Seite 25:

Aufgabe 3:

1. Lücke: Golf TDI

2. Lücke: der eingeklemmte Hund auf der Rückbank

3. Lücke: besonders gut

4. Lücke: Der Golf TDI. Unglaubliche Beschleunigung.

5. Lücke: atemberaubend schnell

Aufgabe 4 (mögliche Lösung):

An dieser Anzeige gefällt mir, dass sie witzig ist. Den eingeklemmten Hund finde ich besonders gut. Auch sein erschrockener Blick bringt mich zum Lachen. Meine Kritik ist, dass die Werbung nur auf die Schnelligkeit des Autos ausgerichtet ist. Sicherheit ist für mich aber viel wichtiger.

Seite 26:

Aufgabe 3:

Die folgenden Aussagen sind richtig:

Werbeslogans merken wir uns und können sie manchmal sogar auswendig, …

…, weil sie leicht zu merken sind.

…, weil sie oft nur aus wenigen Wörtern bestehen, manchmal nur aus einem Wort.

…, weil sie dieselben Anfangsbuchstaben haben.

…, weil sie lustig und frech sind.

Seite 27:

Aufgabe 5:

Slogan mit einem <u>Befehl</u> (Imperativ):

→ Spar Dich reich!

<u>Frage-/ Antwort</u>-Slogan:

→ Lust auf Genuss?

→ Sie lieben Filme? – Wir auch!

Slogan mit <u>Stabreim</u>:

→ WIE WO WAS weiß OBI

<u>Fremdsprachlicher</u> Slogan:

→ We love to entertain you.

→ o2 can do

Slogan mit <u>Begründung</u>:

→ Weil's gut ankommt

→ Damit sie auch morgen noch kraftvoll zubeißen können.

Slogan, der <u>provoziert</u>:

→ Ich bin doch nicht blöd.

Aufgabe 6 (mögliche Lösung):

• Alfredos Flitzer-Pizza schmeckt so gut wie aus Nizza.

• Den ganz großen Knall schaffst du nur mit unserem Ball.

• To be trendy, you need a handy.

• Pause? Brause!

• Weil Milch nichts für Knilche ist.

• Rot, Rosa, Rouge – bei uns auch als Mousse.

• Tee ist wie Klee. Nehmen Sie lieber Kaffee.

• Auf ein Wort: Treiben Sie Sport!

Seite 29:

Aufgabe 2 (mögliche Lösung):

Ich fühle mich <u>verloren</u>/<u>verängstigt</u>.

Seite 30:

Aufgabe 3:

Diese Antwort ist richtig:

Luisa und ihr Vater machen mit einer Gruppe eine Wattwanderung. Sie haben Schwierigkeiten zurückzukommen, weil die Flut kommt.

Aufgabe 4:
Die Priele im Watt füllen sich schneller mit Wasser. Da sie den ganzen Boden durchziehen, wird die Überquerung des Watts dann schwierig, denn die Priele sind tief und in ihnen herrscht ein starker Sog.

Aufgabe 5:
Alle Regeln sind wichtig für Badegäste am Wattenmeer. Auf Luisa und ihren Vater trifft allerdings besonders Regel 1 zu:
<u>Unternimm eine Wattwanderung nur mit einem einheimischen Führer.</u>

Seite 31:

Aufgabe 1:
Das erfährst du über **Luisa**:
- Am Morgen hatte sich Luisa zusammen mit ihrem Vater einer Gruppe von Badegästen angeschlossen, die eine Wattwanderung machen wollten.
- … die Beine sanken immer tiefer ein, sodass sie manchmal fast stecken blieben.
- Luisa riss ihr rotes Tuch vom Kopf. Sie begann, aufgeregt damit zu winken.
- Luisa fing an zu weinen. Sie dachte: Das schaffen wir nie! Dann sagte sie: „Ich kann nicht mehr!"
- Er (Marco) erkannte auch seinen Vater und seine Schwester, die schon bis zum Bauch im Wasser standen.
- Luisa und ihr Vater waren erleichtert, …
- Erleichtert nahm die Mutter Luisa in den Arm.

Das erfährst du über den **Vater**:
- Am Morgen hatte sich Luisa zusammen mit ihrem Vater einer Gruppe von Badegästen angeschlossen, die eine Wattwanderung machen wollten.
- … die Beine sanken immer tiefer ein, sodass sie manchmal fast stecken blieben.
- Der Vater schrie Worte in sein Handy hinein.
- Er (Marco) erkannte auch seinen Vater und seine Schwester, die schon bis zum Bauch im Wasser standen.
- Luisa und ihr Vater waren erleichtert, …

Das erfährst du über die **Mutter**:
- Luisas Bruder Marco und seine Mutter waren nicht mitgegangen. Sie wollten lieber am Strand bleiben.
- Manchmal schaute die Mutter durchs Fernglas übers Watt hinüber auf die Insel.
- In der Zwischenzeit beobachtet die Mutter die kleine Gruppe mit dem Fernglas. Plötzlich steht sie auf. Sie sieht immer wieder durchs Fernglas. Sie wir immer aufgeregter.
- Erleichtert nimmt die Mutter Luisa in den Arm.

Das erfährst du über **Marco**:
- Luisas Bruder Marco und seine Mutter waren nicht mitgegangen. Sie wollten lieber am Strand bleiben.
- Zur selben Zeit spielte Marco mit seinen Freunden Volleyball am Strand.
- Marco suchte mit dem Fernglas das Wattenmeer ab.
- Er fragte sich: Ob die das wohl schaffen?

Aufgabe 2 (mögliche Lösung):
Was weiß der Erzähler über Luisa?
Luisa will mit ihrem Vater eine Wattwanderung machen. Den ersten Teil der Wanderung findet Luisa super. Sie ist wegen des schnell zurückkommenden Wassers dann aber sehr aufgeregt und glaubt, dass sie den Rückweg vielleicht nicht mehr rechtzeitig schaffen. Luisa hat große Angst – sie weint. Sie ist erleichtert, als die Rettungsboote bei ihnen sind. Sie wird den Ausflug nie vergessen.

Was weiß der Erzähler über den Vater?
Der Vater will mit Luisa eine Wattwanderung machen. Wegen des rasch ansteigenden Wassers ist der Vater ängstlich – er schreit Worte in sein Handy. Er ist erleichtert, als die Rettungsboote bei ihnen sind. Er wird den Ausflug wohl nie vergessen.

Was weiß der Erzähler über die Mutter und Luisas Bruder Marco?
Luisas Bruder Marco und seine Mutter sind nicht mitgegangen. Sie wollen lieber am Strand bleiben. Marco spielt mit seinen Freunden Volleyball; die Mutter schaut durchs Fernglas übers Watt, um ihren Mann und ihre Tochter im Blick zu haben. Die Mutter bekommt Angst, als sie durchs Fernglas sieht, da Luisa aufgeregt mit ihrem roten Kopftuch winkt. Auch Marco fragt sich, ob sein Vater und Luisa es noch rechtzeitig zurück an den Strand schaffen würden. Die Mutter ist sehr erleichtert, als ihre Tochter und ihr Mann wieder sicher am Strand sind. Luisas Mutter und ihr Bruder Marco werden den Ausflug wohl auch nie vergessen.

Seite 32:

Aufgabe 4 (mögliche Lösung):
Er war ganz weich und grau. <u>Auf der Insel konnten wir uns kurz ausruhen. Viel Zeit bleibt einem nämlich nicht bei einer Wattwanderung.</u>
<u>Plötzlich sahen wir, …</u>
Mama, siehst du uns? Ich habe Angst. <u>Wir brauchen Hilfe – das Wasser kommt immer schneller zurück und ich kann nicht mehr.</u>

Seite 33:
Aufgabe 2:
Niklas und sein Hund Kito sind spazieren gegangen. Dabei ist Kito auf den zugefrorenen Kanal gelaufen und in das Eis eingebrochen. Die Feuerwehr konnte den Hund retten.
Aufgabe 3: Am gestrigen Freitag
Aufgabe 4: In Garbsen
Aufgabe 5: Niklas G. und seinem Terrier Kito

Seite 34:
Aufgabe 6 (mögliche Lösung):
Ich bin mit meinem Hund Kito am Deich spazieren gegangen. Plötzlich hörte ich ein lautes Rascheln. Kito fing an zu jaulen. Ich lief ganz nah zum Kanal um meinen kleinen zitternden Kito im Auge zu behalten. Er paddelte in dem Eisloch wie wild. Es war so kalt.
Aufgabe 7 (mögliche Lösung):
Niklas: „Kito, mein Freund! Bleib ganz ruhig. Ich werde die Feuerwehr rufen. Halte durch!"
Aufgabe 8 (mögliche Lösung):
„Hallo? Hier ist Niklas G. Ich bin am Kanal in Garbsen. Mein Hund Kito ist ins Eis eingebrochen. Er ertrinkt gleich. Bitte kommen Sie schnell."

Seite 36:
Aufgabe 2 (möglich Lösung):
1. Lücke: „Kito, nicht so schnell! Sei bloß vorsichtig."
2. Lücke: Er war auf das Eis des Kanals gelaufen und eingebrochen. Seine Vorderpfoten lagen noch auf der Eisdecke. Ich sah, dass seine Pfote verletzt war.
3. Lücke: „Hallo? Hier ist Niklas Gerber. Ich bin am Kanal in Garbsen. Mein Hund Kito ist ins Eis eingebrochen. Seine Pfote ist auch verletzt. Er ertrinkt gleich. Bitte kommen Sie schnell."
4. Lücke: Der erste Feuerwehrmann robbte ganz nah zu Kito ans Eisloch. Vorsichtig konnte er Kito aus dem Wasser ziehen. Dann übergab der erste Feuerwehrmann Kito an seinen Kollegen. Beide Männer krochen dann ganz langsam und vorsichtig rückwärts mit Kito an Land zurück.
5. Lücke: Die Tierärztin duschte Kito als Erstes mit warmem Wasser ab. Dann rubbelte sie sein Fell mit einem Handtuch trocken. Sie schaute sich die Pfote an und erklärte mir, dass sie die Wunde säubern müsse. Danach legte sie Kito einen Verband an und gab mir Verbandszeug mit. Ich schloss meinen Kito glücklich in die Arme. Zum Abschied lobte mich die Tierärztin: „Das hast du gut gemacht, Niklas. Hättest du nicht so schnell die Feuerwehr gerufen,

wäre Kito erfroren. Jetzt wird er aber wieder ganz gesund werden."

Seite 38:
Aufgabe 3:
Märchen: 284 Wörter
Inhaltsangabe: 107 Wörter
Aufgabe 4:
Die richtigen Antworten sind: Wörtliche Rede, Präteritum, bildhafte Sprache, ausführliche Beschreibungen

Seite 39:
Aufgabe 5:
„Mein Gott! Mein Gott!"
„Es gibt Leute, die sind so glücklich. Wir aber laufen den ganzen Tag im Wald umher und suchen nach Holzkohle."
„Ich sehe, ihr seid mit eurem Schicksal nicht zufrieden. Da möchte ich etwas für euch tun. Wünscht euch drei Dinge und die sollen in Erfüllung gehen."
„Was würdest du dir wünschen?"
„Ja, wenn ich das nur wüsste?"
„Das will gut überlegt sein!"
„Eine große Blutwurst auf dieser guten Holzkohlenglut, das wäre wunderbar!"
„Bist du verrückt, Weib? Ist das dein Wunsch? Ich möchte wahrhaftig, dass diese Blutwurst sich an deine Nase hängt."
„Jetzt haben wir nur noch einen Wunsch", (…)
„Ich muss dich aus dieser Lage befreien. Ich wünsche, dass diese Blutwurst von deiner Nase verschwindet. Dann bleiben wir eben arm. Reichtum macht nicht glücklich."
Aufgabe 7:
Die Frau bedankt sich dafür, dass ihr Mann für sie den letzten Wunsch geopfert hat.

Seite 40:
Aufgabe 3:
Alle Antworten sind richtig.

Seite 41:
Aufgabe 4 (mögliche Lösung):
Das Märchen „Der alte Großvater und der Enkel" von den Brüdern Grimm handelt von einem ganz alten Mann, der bei seinem Sohn, dessen Ehefrau und Kind wohnt. Wenn der Großvater isst, verschüttet er immer sehr viel, weil er sehr schwach ist. Sein Sohn und seine Frau finden das eklig und beschließen, dass der alte Mann beim Essen hinter dem Ofen sitzen muss. Als ihm eine Schüssel aus der Hand fällt und kaputtgeht, wird die Frau wütend

und kauft ihm eine Holzschüssel. Daraufhin sammelt das Kind vom Boden Holzstücke auf, woraus es Holzschüsseln basteln will. Er erklärt seinen Eltern, dass sie dann, wenn sie alt sind, daraus essen sollen. Der Sohn und die Frau fangen an zu weinen und holen den Großvater wieder zurück an den Esstisch.

Seite 43:
Aufgabe 3:
Alle Adjektive treffen auf das Mädchen zu.
Aufgabe 5 (mögliche Lösung):
In dem Märchen „Die Sterntaler" von den Brüdern Grimm geht es um ein armes Waisenmädchen. Es hat nur seine Kleidung und ein Stück Brot. Es ist sehr allein, aber es vertraut auf Gott und geht daher hinaus in die Felder. Dort trifft das Mädchen auf einen hungrigen Mann. Es gibt ihm das ganze Stück Brot. Danach trifft es auf frierende Kinder, denen das Mädchen nach und nach seine Kleidung schenkt, bis es selbst nichts mehr am Leib hat. Daraufhin fallen Sterne in Form von Talern vom Himmel. Das Mädchen hat auf einmal auch ein neues Hemdchen an. Es sammelt die Taler ein und ist sein ganzes Leben lang reich.

Seite 45:
Aufgabe 3:
Niklas schlägt vor, ein Klettergerüst und einen Fußball-Käfig anzuschaffen.

Seite 46:
Aufgabe 4:
Mareike gibt zu bedenken, dass die Schülervertretung (SV) erst klären muss, ob überhaupt Geld da ist.
Aufgabe 5:
Kai schlägt vor, dass die Klasse darüber abstimmt, welche Vorschläge sie an die SV weitergeben will.

Seite 47-49:
Aufgabe 1:
Protokollant: Marvin Mertens
Folgende Sätze sollen gestrichen werden:
Das ist mir auch schon aufgefallen, und ich finde da muss unbedingt etwas passieren.
„Ich schlage vor, die Toiletten einfach abzuschließen. Wenn einer zur Toilette will, dann muss er sich eben den Schlüssel im Sekretariat holen. Dann gibt es bestimmt weniger Schmutz und Zerstörung. Da bin ich sicher."

Zusammenfassung:
Kai schlägt vor, die Toiletten abzuschließen und den Schlüssel im Sekretariat zu deponieren / platzieren / hinterlegen.
Es soll gestrichen werden:
Ich glaube aber nicht, dass da 20 Cent ausreichen werden.
Abstimmung:
Der Vorschlag wird mit 27 Ja-Stimmen und 3 Enthaltungen angenommen.
Zeitformen:
Jana und Till kritisieren, dass der Französisch-Kurs den Klassenraum immer sehr unordentlich hinterlässt. Der Klassenlehrer will deswegen mit der Französischlehrerin reden.
Schluss:
Langerwehe, den 14.05.2013
Protokollant: Marvin Mertens

Seite 50:
Aufgabe 1:
ablehnen, berichten, beschließen, bestätigen, empfehlen, erklären, fordern, kritisieren, meinen, mitteilen, vorschlagen, zustimmen
Aufgabe 3:
Folgende Wörter passen der Reihenfolge nach inhaltlich am besten:
kritisieren, schlagen vor, meinen, beschließen, mitteilen, ablehnen

Seite 52:
Aufgabe 3:
2: Es wird zu einer **Rolle mit einem Durchmesser von etwa 3 cm** gerollt.
3: Nun führt man das **Papierrohr mit der rechten Hand zum rechten Auge** und **blickt hindurch. Das linke Auge bleibt ebenfalls offen.**
4: Jetzt blickt man **mit dem einen Auge durch das Rohr** und **mit dem anderen Auge in die Umgebung.**
5: Dann legt man die **offene linke Hand mit dem Daumen dicht ans Ende der Rolle.**
6: Nach wenigen Sekunden **sieht man,** wie scheinbar **ein Loch durch die linke Hand hindurchführt.**
7: Unser **Gehirn** kann beide Teile **der Bilder nicht zusammenfügen.** Das nennt man eine **optische Täuschung.**

Seite 54:
Aufgabe 3 (mögliche Lösung):
Für das Experiment braucht man ein Buch, ein Blatt Papier und einen Tisch. Das Blatt Papier legt man

so auf den Tisch, dass die schmale Seite etwa
3 cm über die Tischkante hinausragt. Jetzt legt man
das Buch auf das Blatt. Als nächstes zieht man das
Papier mit einem kräftigen Ruck waagerecht unter
dem Buch hervor. Man beobachtet, dass das Buch
auf dem Tisch liegen bleibt. Die Erklärung dafür
ist der Trägheitssatz aus der Physik: In der Physik
versteht man unter dem Trägheitssatz das Verbleiben eines Körpers in seinem Bewegungszustand.
Wenn zum Beispiel ein Auto schneller wird, wird
unser Körper in den Sitz gedrückt. Bremst das Auto,
bewegt sich unser Körper weiterhin nach vorne,
weil er in seinem Bewegungszustand verharren will.
Daher bleibt das Buch auf dem Tisch liegen.

Seite 56:
Aufgabe 3:
1. Lücke: Papierserviette
2. Lücke: Wasser
3. Lücke: zerknüllt
4. Lücke: herausfällt
5. Lücke: Eimerboden
6. Lücke: Wasser
7. Lücke: trocken
8. Lücke: Luft
9. Lücke: trocken
Aufgabe 5: Die Serviette wird nass.
Aufgabe 6:
Wenn man das Glas schräg in den Eimer mit Wasser taucht und es danach wieder herauszieht, ist die
Serviette nass.

Seite 57:
Aufgabe 3:
Anna ist für Schulkleidung. Sie meint, dass dann
keiner mehr aufgrund seiner Kleidung ausgeschlossen wird. Auch spiele es dann keine Rolle mehr,
wer sich Markenkleidung leisten könne und wer
nicht.

Seite 58:
Aufgabe 4:
Johannes ist gegen Schulkleidung. Er möchte lieber
selbst bestimmen, was er trägt.
Aufgabe 5 (mögliche Lösung):
Für Schulkleidung:
Gemeinschaft statt Gruppenzwang
Gegen Schulkleidung:
Recht auf eigenen Kleidungsstil
Aufgabe 6:
Für Schulkleidung:
Ich bin der Meinung, dass Schulkleidung eingeführt
werden sollte.

Ich denke, dass Schulkleidung viele Vorteile hat.
Meiner Meinung nach kann man mit der Einführung
einer Schuluniform nur gewinnen.
Aus meiner Sicht würde uns Schulkleidung viel
Gutes bringen.
Gegen Schulkleidung:
Ich bin der Meinung, dass die Nachteile bei einer
Schulkleidung deutlich überwiegen.
Ich denke, dass eine Schuluniform wenig Gutes
bewirken wird.
Meiner Meinung nach sollte Schulkleidung nicht
eingeführt werden.
Aus meiner Sicht sprechen viele Gründe gegen
Schulkleidung.

Seite 59 :
Aufgabe 8 (mögliche Lösung):
Für Schulkleidung:
Ich finde es gut, wenn Schulkleidung getragen wird,
da dann alle gut aussehen würden.
Ich bin dafür, dass man Schulkleidung mit eigener
Kleidung kombinieren kann.
Gegen Schulkleidung:
Ich bin dagegen, Schulkleidung zu tragen, weil die
Uniform meistens langweilig aussieht.
Ganz besonders wichtig ist für mich, dass man
daran denkt, dass Schulkleidung oft sehr teuer ist.

Seite 60:
Aufgabe 9 (mögliche Lösung):
Für Schulkleidung:
Ein Beispiel sind die Schulen in England. Dort se-
hen alle immer sehr gepflegt und ordentlich aus.
Ich kann mir zum Beispiel gut vorstellen, dass so
viel mehr Leute mit der Einführung einverstanden
wären. Außerdem behält man dann ein bisschen
den eigenen Kleidungsstil bei.
Gegen Schulkleidung:
Bei uns in der Klasse würde niemand der Einführung zustimmen. Uns ist es allen sehr wichtig,
unseren eigenen Stil zu haben und auch zu zeigen.
Es ist wie bei anderen Anschaffungen der Schule.
Erst später stellt sich heraus, dass es viel zu teuer
ist und dafür besser etwas anderes hätte gekauft
werden können.

Seite 61:
Aufgabe 10 (mögliche Lösung):
Für Schulkleidung:
Ich bin ganz klar für Schulkleidung.
Für mich ist klar, dass kein Weg an einer Schulklei-
dung vorbeiführt.

Gegen Schulkleidung:

Meine Meinung steht fest: Schulkleidung, nein danke. Wozu sollen wir es ausprobieren?

Aus meiner Sicht sollte man auf jeden Fall auf eine Schuluniform verzichten.

Seite 70:

Aufgabe 2:

Der 2. Abschnitt: **Schlechte Nachrichten überall**

Der 3. Abschnitt: **Eine brillante Idee**

Der 4. Abschnitt: **Die Verständigung klappt wie am Schnürchen**

Der 5. Abschnitt: **Reisevorbereitungen**

Der 6. Abschnitt: **Es wird etwas geschehen**

Aufgabe 3:

Was die Menschen falsch machen:

Sie bewahren den Frieden nicht, sondern bringen nur Kriege, Revolutionen, Streiks, Hungersnöte und Krankheiten zustande. Die vielen Konferenzen, die sie abhalten, helfen nicht dabei, dies zu ändern.

Wer den Tieren besonders leid tut: die Kinder.

Aufgabe 4:

„Wenn ich nicht so blond wäre, könnte ich mich auf der Stelle schwarz ärgern!"

Seite 71:

Aufgabe 5:

Tier: Elefant;

Name: Oskar;

Trifft sich freitags immer mit: Alois, dem Löwen, und Leopold, dem Giraffenmännchen;

Besondere Idee: eine eigene Konferenz unter den Tieren abzuhalten

Aufgabe 6:

Hunde jagten wie Wirbelwinde; Wiesel raschelten durch die Gärten; Hirsche und Rehböcke galoppierten durch die Wälder; Zebras donnerten wie ein Gewitter durch die Wüsten; Gazellen und Antilopen schossen wie Pfeile über die Steppen; Vogel Strauß und Emu griffen aus; Rentiere trabten dampfend über die Tundra; Polarhunde sprangen bellend durch die Mitsommernacht; Möwen gellten; Affen schwangen in den Urwäldern von Baum zu Baum; Käfer summten; Kolibris zirpten; Papageien und Kakadus plapperten; Spechte klopften; Frösche quakten; Schwalben meldeten die Neuigkeiten auf Telefonmasten in alle Länder der Erde; Brieftauben schossen über die Gebirge und Meere; Kängurus hüpften; Tintenfische schrieben Nachrichten mit Riesenbuchstaben ins Wasser; Schnecke Minna kroch durch die Weinberge; Regenwurm Fridolin buddelte sich durch die Erde

Aufgabe 7 (mögliche Lösung):

Ich würde folgende **Vorbereitungen** treffen:

- genug Proviant einpacken (Essen und Trinken),
- an den Fotoapparat denken,
- eine warme Decke mitnehmen,
- Sonnenmilch einpacken,
- unbedingt ans Handy denken!

Wen würde ich gern mitnehmen?

Ich würde meinen besten Freund Anton mitnehmen.

Welches Beförderungsmittel würde ich nehmen?

Am liebsten würde ich mit dem fliegenden Teppich verreisen, weil man dann ganz viel aus der Luft sehen und beobachten kann.

Seite 72:

Aufgabe 8 (mögliche Lösung):

Sie denken gemeinsam darüber nach, die Welt in Ordnung zu bringen. Sie wollen für die Kinder etwas verändern. Dabei zeigen sie einen straken Willen und geben nicht auf. Sie setzen sich dafür ein, auf Unrecht aufmerksam zu machen. Sie hören zu, sind sehr geduldig und hartnäckig, weil sie von ihrer Idee überzeugt sind.

Aufgabe 9 (mögliche Lösung):

Eigentlich wäre eine „Konferenz der Tiere" auch heute noch sehr wichtig und notwendig. Denn die Erwachsenen haben sich nicht geändert. Sie vergessen immer noch, dass Kriege und ihre Folgen besonders schlimm für die Kinder sind. Denn Kinder können sich nicht selbst gegen Gefahren und gegen Gewalt verteidigen. Viele verlieren ihre Eltern und ihr Zuhause und sind dann hilflos und ganz allein.

Seite 74:

Aufgabe 3:

Es gab eine Rattenplage. In allen Häusern der Stadt waren unzählige Ratten und Mäuse. Es gab so viele, dass die Katzen nicht alleine dagegen ankamen.

Aufgabe 4:

Die zu markierenden Textstellen sind:

Da kam zu ihm ein Wundermann,

der hatte bunte Kleider an.

Sagt: „Ich befrei euch jedes Haus

Gegen Lohn von Ratt' und Maus."

Der Rat stimmt zu. Der Mann mit Eifer

Beweist sich als ein Rattenpfeifer

kriegt Ratt und Mäuse ohne Falle

Ersäuft sie in der Weser alle.

Aufgabe 5:

Alle Wörter passen.

Aufgabe 6:
Die Ballade „Der Rattenfänger von Hameln" besteht
aus acht Strophen mit jeweils vier Versen.

Seite 75:
Aufgabe 7:
Die zu markierenden Textstellen sind:
Da kam zu ihm ein Wundermann,
der hatte bunte Kleider an.
Sagt: „Ich befrei euch jedes Haus
Gegen Lohn von Ratt' und Maus."
(…)
Der Rat will ihm dafür nicht geben,
was er ihm zugesagt soeben;
„Nur pfeifen? Das ging gar zu leicht!
Das war doch wohl ein Teufelsstreich."
Aufgabe 8 (mögliche Lösung):
Der Ratsherr warf den Rattenfänger aus dem Saal.
Er gab ihm auch keinen Lohn. Stattdessen wurde
der Rattenfänger ausgelacht und beschimpft.
Aufgabe 9 (mögliche Lösung):
Die Ballade „Der Rattenfänger von Hameln" erzählt
von einem Rattenfänger. Er soll die Stadt Hameln
von einer Rattenplage befreien. Mit einer Flöte lockt
er alle Ratten aus der Stadt und ertränkt sie dann in
der Weser. Er verlangt beim Ratsherrn seinen Lohn.
Der aber verweigert ihm den Lohn. Der Rattenfänger ist verärgert, weil die Menschen nicht dankbar
sind, sondern ihn auslachen und beschimpfen.
Daher möchte er sich rächen und entführt nun die
Kinder aus der Stadt. Er lässt sie für immer verschwinden.

Seite 77:
Aufgabe 3:
Die richtigen Antworten sind:
b) Frank ist fernsehsüchtig.
d) Auch der Doktor kann Frank nicht helfen.
Aufgabe 4:
Frank hat keine Lust mehr, Fernsehen zu schauen.
Er will schlafen gehen.
Aufgabe 5:
Der Fernsehapparat kann laufen und sprechen.
Aufgabe 6:
Die richtige Antwort ist:
b) Erst war Frank fernsehsüchtig und jetzt macht
   ihn der Fernseher verrückt.

Seite 78:
Aufgabe 2:
Folgende Wörter müssen der Reihenfolge nach in
die Lücken eingesetzt werden:
Weiher, fischt, erwischt, prächtig, bedächtig

Seite 79:
Aufgabe 3:
Willst du irgendwas erringen,
lern vom Reiher mancherlei,
und Geduld vor allen Dingen
bestens dir empfohlen sei.
Aufgabe 4: Kreuzreim

Seite 80:
Aufgabe 1 (mögliche Lösung):
2. Das Wetter wird wärmer.
3. Die Blumen beginnen zu blühen.
4. Die Vögel fangen an zu singen.
5. Das Osterfest steht vor der Tür.
Aufgabe 3:
1. Strophe: Land, Baum, Himmel
2. Strophe: Baum, weiße Blüten, Amsel, Zweig
3. Strophe: Amsel, blühende Zweige, Geäst, Nest

Seite 81:
Aufgabe 4:
Das Bild beschreibt, worauf das Frühjahr Lust
macht: die Schuhe und Strümpfe auszuziehen und
barfuß über die Wiese zu laufen.
Aufgabe 5:
a) Der Baum ist grün.
b) Der Himmel ist blau.
c) Am Baum sind weiße Blüten zu sehen.
d) Die Amsel sitzt auf dem höchsten Zweig.
e) Sie will dem Männchen ihr Nest zeigen.
Aufgabe 6: 4 Strophen; 24 Verse
Aufgabe 7 (mögliche Lösung):
Ich male mir den Sommer:
Ich male ein Bild,
ein schönes Bild,
ich male mir den Sommer.
Rot sind die Kirschen
und grün sind die Blätter
und gelb scheint die Sonne darüber.

Und überall
sind an den bunten Blumen
viele summende Bienen zu sehen.
Die Vögel singen
ganz weit oben in den Bäumen,
kein Wind kann sie runterwehen.

Lachende Kinder
klettern im Baum
zwischen Schwalben und Lerchen.
Sie sind fröhlich
und spielen Ball.
Es ist ein Sommermärchen.

Wer mein Bild besieht,
wie's da Sommer ist,
wird den Sommer
mit Freude genießen.
Der zieht die Badesachen an
und freut sich, wenn er ins Freibad kann.

Ich mal mir den Herbst:
Ich male ein Bild,
ein schönes Bild,
ich male mir den Herbst.
Reif sind die Äpfel
und bunt sind die Blätter
und stürmisch tobt der Wind.

Und überall
sind Zugvögel zu sehen,
die nach Süden ziehen.
Die Tiere eilen
in den Gärten hin und her –
Sie sammeln Nahrung für ihre Winterruh'.

Zwischen goldenem Laub
erwächst der Wunsch,
einen Drachen steigen zu lassen.
Er verfängt sich im Baum,
sie schaffen es kaum,
den Drachen erneut steigen zu lassen.

Wer mein Bild besieht,
wie's da Herbst ist,
wird den Herbst
mit Freude genießen.
Der zieht sich warm an und geht hinaus
oder bleibt auch mal gemütlich im Haus.

Seite 82:
Aufgabe 2:
Warum bellt denn nur der Hund?
Bellt er vielleicht nur zum Spaß?
Bellt er ohne jeden Grund?
Denkt der Hund sich irgendwas?
Die beiden mittleren Verse sind umgedreht worden.
Das Gedicht steht nicht mehr im Paarreim, sondern
im Kreuzreim.
Aufgabe 3:
Gibt es einen Grund dafür?
Will er etwa Gassi gehen?
Steht ein Fremder an der Tür?
Hunde sind nicht zu verstehen!

Seite 83:
Aufgabe 2 (mögliche Lösung):
Die Wörter reimen sich nicht. Es wird sowohl bildliche als auch sachliche Sprache verwendet. Die
sachlichen Äußerungen erkennt man daran, dass
dort Zahlenangaben und Fakten genannt werden.

Seite 84:
Aufgabe 3 und 4:
Hier findest du das vollständige Gedicht vom
Marienkäferlein.
Die markierten Verse solltest du in Aufgabe 4
auf Seite 84 ergänzen:

Marienkäferlein
Erste warme Sonne liegt
auf den grünen Hügeln.
Und ein rotes Pünktchen fliegt
hin und her vom Wind gewiegt:
früh schon auf den Flügeln.

Liebes rotes Käferlein
mit den schwarzen Tupfen,
kommst so zeitig und allein,
noch liegt Schnee am Wiesenrain:
Hol dir keinen Schnupfen.

Seite 85:
Aufgabe 3: Eine Briefmarke.

Seite 86:
Aufgabe 4:
Er hat etwas Schönes erlebt. Er wurde von einer
Prinzessin beleckt.
Aufgabe 5: Er hat sich verliebt.
Aufgabe 6 (mögliche Lösung):
Er ist traurig, weil er weggehen muss.
Aufgabe 8:
Die treffendsten Antworten sind:
c) Liebeskummer gehört auch zum Leben.
d) Es klappt im Leben nicht alles so, wie man sich
  es wünscht.

Seite 89:
Aufgabe 1:
Zeile 9–10: Plötzlich sprang er auf einen zwölfjährigen Knaben zu, …
Zeile 10–12: Er riss ihm die Mütze herunter, setzte
sie sich auf den Kopf und kletterte flink den Mast
hinauf.
Zeile 13–16: Der Affe … nahm die Mütze ab und
machte sich daran, sie mit den Pfoten und Zähnen
zu zerreißen.

Zeile 17–18: Er zeigte mit den Fingern auf ihn und schnitt dabei drollige Fratzen.

Zeile 19–20: … der Affe zerrte noch wütender an der Mütze.

Zeile 23–26: In dem Augenblick aber … war der Affe flinker und kletterte noch höher hinauf.

Zeile 34–37: … und hängte die Mütze ans Ende der letzten Rahe. Er selbst erklomm die Mastspitze, schnitt dort Grimassen, fletschte die Zähne und freute sich.

Aufgabe 2:
Er klettert den Mast hoch. (Zeile 20–22)

Aufgabe 3:
Der Junge lässt das Tau los. Wenn er jetzt nur einen falschen Schritt macht, könnte er hinabstürzen und an Deck zerschmettern.

Aufgabe 4:
Zeile 52–55: Plötzlich stieß jemand einen Schreckensschrei aus. Der Knabe kam durch diesen Schrei zu sich, blickte hinunter und wankte.

Aufgabe 5 (mögliche Lösung):
Der Kapitän hat Angst, dass sein Sohn hinunterfallen und sterben könnte. Außerdem ist er wohl auch ärgerlich auf seinen Sohn, dass er sich auf solch eine Dummheit eingelassen hat.

Aufgabe 6 (mögliche Lösung):
Der Kapitän ist bestimmt sehr erleichtert, dass nicht etwas Schlimmeres passiert ist. Er verbirgt sein Weinen aber, weil er vor seiner Mannschaft nicht schwach wirken möchte. Das ist verständlich. Doch ist es auch sehr mutig, wenn man offen zu der eigenen Angst und zu seinen Tränen steht.

Seite 90:
Aufgabe 2 (mögliche Lösung):
Die Jungen haben bestimmt Angst vor einer Strafe. Vielleicht schämen sie sich auch. Sie könnten sich auch ärgern, weil sie ertappt wurden.

Seite 91:
Aufgabe 3:
Die richtige Antwort ist:
b) Abends geht er mit einer Leiter von Laterne zu Laterne und zündet die Petroleumlampen an.

Aufgabe 4:
Zeile 15: Das gefiel uns sehr. Das machte uns einen Riesenspaß.

Seite 92:
Aufgabe 6: Die richtigen Antworten sind:
c) Er erzählt ihnen eine Geschichte über die Glasbläser.
d) Er packt die Jungen am Kragen und schüttelt sie.

Aufgabe 7 (mögliche Lösung):
Das Glas wird mühevoll von Glasbläsern geblasen. Die Glasbläser leben nicht lange, da sie sehr viel von ihrem Atem in das Glas geben. Ihre Lungen trocknen dabei ein. Das Glas ist also Glas mit menschlichem Atem darin.

Aufgabe 8 (mögliche Lösung):
Sie schämen sich und sind erschrocken darüber, was sie gemacht haben.

Seite 95:
Aufgabe 1:
Isabel und Moritz sind gute Freunde.

Aufgabe 2:
Zeile 1: Genau genommen ist das seit Montagmorgen so, dass Isabel nicht mehr mit mir spricht.

Aufgabe 3:
Moritz vermutet, dass Isabel entweder sauer auf ihn ist oder jemand etwas Schlimmes über ihn erzählt hat.

Aufgabe 4:
Zeile 34: Nach dem Telefonieren geht es mir noch schlechter.

Aufgabe 5 (mögliche Lösung):
Moritz Verhalten finde ich toll. Er wartet nämlich erst einmal ab und gibt Isabel Zeit. Ich verstehe, dass er am Telefon nicht den Mut aufgebracht hat, um sie zu fragen, was mit ihr los ist. Dafür spricht er sie dann persönlich auf dem Nachhauseweg an. Er fühlt mit ihr und ist verständnisvoll – ein richtig guter Freund. Ich würde es genauso machen wie Moritz.

Seite 96:
Aufgabe 1:
-hl-: bezahlen, fühlen, fehlen
-hn-: stöhnen, gähnen, wohnen
-hr-: bohren, rühren, führen

Aufgabe 2:
er bezahlt, er fühlt, er fehlt, er stöhnt, er gähnt, er wohnt, er bohrt, er rührt, er führt

Aufgabe 3:
ähnlich, berühmt, gefährlich, Jahr, Lehrer, Mehl, mehr, ohne, sehr, wohl, Zahl

Aufgabe 4 (mögliche Lösung):
Liebe ist ein **sehr** schönes **Gefühl**.

Aufgabe 5 (mögliche Lösung):
Diebstahl ist ein Verbrechen.

Seite 97:
Aufgabe 1:
blü-**h**en, dro-**h**en, glü-**h**en, lei-**h**en, nä-**h**en, ru-**h**en, ste-**h**en, verste-**h**en, we-**h**en, zie-**h**en

Aufgabe 2:
sie blüht, sie droht, sie glüht, sie leiht, sie näht,
sie ruht, sie steht, sie versteht, sie weht, sie zieht
Aufgabe 3 und 4:
Die Wörter, die markiert und an den Rand geschrieben werden sollen, sind:
früh, beinahe, ehe, froh, glühten, geschah, jäh,
Reihen, drehten, sahen, Mühe, Zeh, weh, fähig,
stehen, ruhig, gehen, geschehen

Seite 98:
Aufgabe 1:
schießen – schießt, heißen – heißt, gießen – gießt,
fließen – fließt, grüßen – grüßt, schließen – schließt,
zerreißen – zerreißt, schmeißen – schmeißt,
büßen – büßt
Aufgabe 2:
außer, bloß, draußen, Fuß, groß, heiß, Kloß, Spaß,
Straße, süß
Aufgabe 3:
Die Wörter, die markiert und an den Rand geschrieben werden sollen, sind:
draußen, genießen, fraß, Fleischkloß, Soße, saß,
stieß, ließ, bloß, weiß, gießen, Spaß, Straße, weiß

Seite 99:
Aufgabe 1:
essen – sie isst, lassen – er lässt,
müssen – sie muss, Küsse – der Kuss,
Schüsse – der Schuss, Flüsse – der Fluss,
Fässer – das Fass
Aufgabe 2:
besser, bisschen, gewiss, interessant, Karussell,
nass, passiert, Schluss
Aufgabe 3:
Die Wörter, die markiert und an den Rand
geschrieben werden sollen, sind:
interessant, vergessen, musste, Messern,
nachmessen, wusste, dass, Schloss, wussten,
passieren, lassen, musste, bewusst, fassen

Seite 100:
Aufgabe 1:
stürzen – der Sturz, glänzen – der Glanz,
pflanzen – die Pflanze
Aufgabe 2:
stürzen – er stürzt, glänzen – es glänzt,
pflanzen – sie pflanzt, reizen – es reizt,
heizen – er heizt, kreuzen – sie kreuzt,
anschnauzen – sie schnauzt an
Aufgabe 3:
blitzen – es blitzt, sitzen – er sitzt,
kratzen – es kratzt, verletzen – sie verletzt

Aufgabe 4:
schmutzig – der Schmutz, witzig – der Witz,
spitz – die Spitze, nützlich – der Nutzen /
die Nützlichkeit
Aufgabe 5:
Es wird finster über den Bergen, plötzlich kommt
ein Gewitter auf. Jetzt blitzt und donnert es mehrere
Male kurz hintereinander. Wir wandern aber
trotzdem weiter.

Seite 101:
Aufgabe 1:
Sie bedanken sich für die Hilfe. Er ist an Grippe erkrankt. Sie winken ihm aus dem Bus zu. Sie sitzt vor
dem Spiegel und schminkt sich. Er will nicht mehr
und streikt deshalb. Sie ekelt sich vor Spinnen.
Aufgabe 2:
Er kann mit den Ohren wackeln. Er kann auch rückwärts laufen. Sie trocknet sich die Haare. Sie macht
sich schick für die Party. Er kickt den Ball ins Tor.
Die Spieler schreien wie verrückt. Er spuckt in die
Hände und zerhackt das Holz mit dem Beil.
Aufgabe 3:
Dreck, Kuckuck, Locken, Macke, Päckchen,
Schicksal, Stück, Trick, Zweck

Seite 102:
Aufgabe 1:
Die Nomen, die großgeschrieben werden müssen,
sind markiert.
Nichts ist so wichtig wie ein guter freund. Kommst
du in eine schwierige situation, kann er dir helfen,
Weißt du nicht mehr weiter, ist ein guter rat von ihm
hilfreich. Hast du eine unvorsichtige tat vor, kann er
dich warnen. Kommst du in eine ausweglose lage,
befreit er dich daraus. Ein freundliches wort von ihm
– und schon kannst du lachen! Mit ihm kannst du
ein spannendes spiel spielen oder auch einmal eine
kleine reise machen. Natürlich trifft das alles auch
auf eine gute freundin zu!
Aufgabe 2:
ein guter Freund, eine schwierige Situation,
ein guter Rat, eine unvorsichtige Tat,
eine ausweglose Lage, ein freundliches Wort,
ein spannendes Spiel, eine kleine Reise,
eine gute Freundin
Aufgabe 3:
die ewige Liebe, die schreckliche Angst,
die echte Freundschaft

Seite 103:
Aufgabe 1:
Vom Klettern / Schwimmen taten ihr die Beine weh.

Im Schwimmen / Klettern ist sie besonders gut.

Das Trainieren auf dem Sportplatz fällt ihm leicht.

Beim Rechnen / Üben macht er manchmal Fehler.

Zum Üben / Rechnen nimmt sie sich viel Zeit.

Aufgabe 2:

Schon das Warten auf den Schulbus ist nicht immer eine große Freude. Beim Einsteigen gibt es oft viel Gedränge, weil jeder Schüler einen Platz zum Sitzen / Hinsetzen kriegen möchte. Das Stehen im Bus kann manchmal ganz schön gefährlich sein, besonders beim Bremsen. Aber das Sitzen / Hinsetzen hindert die Schüler daran, beim Aussteigen der Erste zu sein.

Aufgabe 3: Alle Wörter können in jede Lücke eingesetzt werden.

Seite 104:

Aufgabe 1 (mögliche Lösung):

etwas: etwas Besonderes, etwas Neues

nichts: nichts Gutes, nichts Interessantes

viel: viel Altes, viel Verrücktes

alles: alles Gute, alles Neue

manches: manches Interessante, manches Besondere

Aufgabe 2:

Lieber Pitt,

das Beste ist, du würdest einmal etwas ganz Neues machen. Dabei kannst du nämlich manches Interessante erfahren. Vielleicht ist dann auch etwas Verrücktes dabei. Auf jeden Fall wird es etwas ganz Besonderes sein, wenn du nicht immer nur das Alte wiederholst.

Alles Gute –

dein Patt

Aufgabe 3:

etwas nicht Alltägliches, das Köstlichste, das Allerfeinste, das Beste

Seite 105:

Aufgabe 1 (mögliche Lösung):

der: der Abend, der Mittwoch

am: am Mittag, am Sonntag

nächsten: nächsten Freitag, nächsten Mittwoch

eines: eines Nachts, eines Morgens

Aufgabe 2:

gestern: gestern Nacht

morgen: morgen Nachmittag, morgen Abend

heute: heute Nacht, heute Mittag

übermorgen: übermorgen Nacht, übermorgen Nachmittag

Aufgabe 3:

gestern, Morgen, Vormittag, Nachmittag, Abend, abends, Nacht, Morgen, morgen, morgen Mittag

Seite 106:

Aufgabe 1:

wie viele, gar keine, zu viele, reinfallen, herkommen, auf einmal, gar nicht, irgendwo, manchmal, herumtoben, herunterzufallen, irgendwie, zusammenkommen

Aufgabe 2:

abzufahren, hinauszugehen, herunterzukommen, zusammenzukommen

Seite 107:

Aufgabe 1:

Einmal fuhren wir nach Helgoland, denn wir wollten eine Schifffahrt machen.

Erst war das Wetter gut, aber dann kam ein Sturm auf.

Sollten wir oben auf dem Deck bleiben, oder sollten wir nach unten gehen?

Ich bin eigentlich nicht ängstlich, sondern ich traue mich eher was.

Doch dann kriegte ich Angst, denn das Schiff schaukelte fürchterlich.

Trotzdem blieb ich oben an Deck, und ich hatte viel Spaß an dem Sturm.

Seite 108:

Aufgabe 1:

Ich hatte ein bisschen Angst, als ich das erste Mal in ein Flugzeug steigen sollte. Schon auf dem Flughafen war mir schlecht geworden, sodass ich ganz blass wurde. Meine Mutter sah mir das auch an, während wir auf die Abfertigung warteten. Sie holte mir etwas zu trinken, bevor wir durch die Sperre gingen. Mir ging es erst wieder besser, als wir dann im Flieger saßen. Dann fand ich es richtig toll, als wir über den Wolken flogen. Ich schaute aus dem Fenster, sodass ich die Landschaft unter mir sehen konnte. Ich fühlte mich super, obwohl ich doch am Anfang Angst gehabt hatte. Fliegen ist das Schönste, wenn man es erst einmal erlebt hat.

Aufgabe 2:

Als ich das erste Mal in ein Flugzeug steigen sollte, war mir richtig schlecht. Nachdem wir durch die Sperre gegangen waren, habe ich noch ein Glas Wasser getrunken. Als wir dann aber im Flieger saßen, ging es mir schon besser. Während wir über die Wolken flogen, fand ich es richtig toll. Obwohl ich doch am Anfang Angst gehabt hatte, fühlte ich mich nun richtig gut. Wenn man es erst einmal erlebt hat, ist Fliegen das Schönste.

Seite 109:

Aufgabe 1:

Ich glaube, dass – Ich meine, dass –
Ich weiß, dass – Ich denke, dass – Ich hoffe, dass

Aufgabe 2:

meinen, dass …; glauben, dass …; hören, dass …;
wissen, dass …; hoffen, dass …;
fürchtet schon, dass …

Seite 110:

Aufgabe 1:

Zwei Hunde kommen zum ersten Mal in die Großstadt. Erstaunt betrachten sie die Parkuhren. „Was
das wohl ist?", fragt der eine. Da sagt der andere:
„Ist doch klar! Hier verlangen sie Klogebühren von
uns!"

Aufgabe 2:

Der kleine Holzwurm bittet: „Mama, bitte, ich mag
kein Teakholz, das ist so hart."
Die Mutter sagt: „Iss, Kind! Das ist gut für die
Zähne."

Aufgabe 3:

Eine Katze und eine Maus kommen in eine
Bäckerei.
Die Maus sagt: „Ich möchte gerne ein Stück Pflau-
menkuchen mit Sahne."
„Und Sie?", fragt die Verkäuferin die Katze.
„Ich möchte nur ein Klacks Sahne auf die Maus",
antwortet die Katze.

Aufgabe 4:

Ein Mann und ein Hund spielen im Park Schach.
Sagt ein Mann: „Sie haben einen klugen Hund."
Darauf sagt der Hundebesitzer: „Wieso? Der verliert
doch dauernd!"

Seite 111:

Aufgabe 1:

Die albernen, bekannten, durchsichtigen, fetten,
kaputten, lieben, neuen, putzigen, runden Dinge
liegen auf dem Tisch.

Aufgabe 2:

Die Wörter sollten in folgender Reihenfolge in die
Lücken eingesetzt werden:
schwarzen, weiße, fest, laut, glatte, wild, langes,
vorsichtig, dicht, pudelnass, trocken, warme

Seite 112:

Aufgabe 1:

stark – stärker – am stärksten

gesund – gesünder – am gesündesten

klug – klüger – am klügsten

scharf – schärfer – am schärfsten

alt – älter – am ältesten

hart – härter – am härtesten

kalt – kälter – am kältesten

Aufgabe 2:

In dieser Reihenfolge sollten die Wörter in den
Lücken stehen:
als, wie, wie, wie, als, als, wie, als

Seite 113:

Am besten passen für:

a) ausgezeichnet, großartig, gut, herrlich,
   hervorragend, vortrefflich, vorzüglich, wunderbar

b) ausgezeichnet, gekonnt, großartig, gut, herrlich,
   hervorragend, prächtig, prachtvoll, wunderbar

c) ausgezeichnet, großartig, gut, hervorragend,
   sehr gut, vortrefflich

d) entsetzlich, furchtbar, fürchterlich, grässlich,
   grauenhaft, grauenvoll, miserabel, schlecht,
   schrecklich

e) großartig, gut, herrlich, hervorragend, prächtig,
   sehr gut, vortrefflich, wunderbar

f) ausgezeichnet, großartig, gut, herrlich,
   hervorragend, prächtig, prachtvoll, sehr gut,
   vortrefflich, vorzüglich, wunderbar

g) entsetzlich, furchtbar, fürchterlich, grässlich,
   grauenhaft, grauenvoll, schlimm, schrecklich

h) ausgezeichnet, großartig, gut, hervorragend,
   sehr gut, vortrefflich, vorzüglich, wunderbar

i) entsetzlich, furchtbar, fürchterlich,
   grässlich, grauenhaft, grauenvoll, miserabel,
   niederschmetternd, schlecht, schlimm,
   schrecklich

j) ausgezeichnet, großartig, gut, herrlich,
   hervorragend, prächtig, sehr gut, vortrefflich,
   wunderbar

k) ausgezeichnet, großartig, gut, hervorragend,
   sehr gut, vortrefflich, wunderbar

l) entsetzlich, furchtbar, fürchterlich, grässlich,
   grauenhaft, grauenvoll, mangelhaft, miserabel,
   schlecht, schrecklich

Seite 114:

Aufgabe 1:

kaufen – kaufte, nennen – nannte, gehen – geht,
stapeln – stapelt, packen – packte, füllen – füllte,
geben – gibt, stellen – stellte, legen – legte,
geben – gibt, bekommen – bekommt,
müssen – musste, bilden – bilden,
gefallen – gefallen, wissen – weiß, müssen – muss

Seite 115:

Aufgabe 1:

„Haben Sie gesehen, was da eben passiert ist?"
„Ich habe nichts bemerkt."

„Na, der Affe hat mir meinen Notizzettel weggenom-
men!"
„Hat er denn auch gelesen, was Sie geschrieben
haben?"
Aufgabe 2:
Eine Frau, die hat sich nicht geniert,
sie hat drei Blusen anprobiert.
Die eine hat sie ausgewählt.
Ihr hat jedoch das Geld gefehlt.
Sie hat sie unters Kleid gezogen
und so den Laden fast betrogen.
Natürlich ist das schiefgegangen.
Man hat sie an der Tür gefangen.

Seite 116:
Aufgabe 1:
gehen – ging,
treffen – treffe,
sehen – haben ... gesehen,
setzen – setzten,
gehen – geht,
geben – gibt,
ziehen – ziehen,
gefallen – hat ... gefallen,
bekommen – bekommt,
gefallen – gefällt,
verlieben – hat ... verliebt,
umziehen – umgezogen sind,
mailen – maile,
besuchen – besuche,
anfangen – angefangen haben

Seite 117:
Aufgabe 1:
durchstachen – durchstochen,
bemerkten – wurden ... bemerkt,
verursachten – wurden ... verursacht,
kontrollieren – kontrolliert werden,
meldeten – wurden ... gemeldet,
fordert – wurden aufgefordert,
fassen – gefasst werden

Seite 118:
Aufgabe 1:
ich fand – fände, ich gab – gäbe, ich ging – ginge,
ich hatte – hätte, ich kam – käme, ich ließ – ließe,
ich musste – müsste, ich nahm – nähme,
ich schlief – schliefe, ich schrieb – schriebe,
ich saß – säße, ich war – wäre, ich tat – täte,
ich wurde – würde

Seite 119:
Aufgabe 1:
Die Wörter sollten in folgender Reihenfolge in die
Lücken eingesetzt werden:
gestern, einmal, zuerst, nämlich, sofort, danach,
heute, hier, oben, unten, deswegen, draußen,
morgen, dann, soeben, nachher, besonders, gern

Seite 120:
Aufgabe 1:
In dieser Reihenfolge müssen die Wörter in die
Lücken eingefügt werden:
hinter, für, auf, unter, zwischen, zu, nach, in, vor,
mit, von, durch
Aufgabe 2:
In dieser Reihenfolge müssen die Wörter in die
Lücken eingefügt werden:
einen, dem, einen, dem, dem, den, den, dem

Seite 121:
Aufgabe 1:
a) aber – obwohl, b) denn – weil, c) und – sodass,
d) oder – wenn, e) weil – obwohl

Seite 122:
Aufgabe 1:
Der verbesserte Text lautet:
Gut gelaunt sah ich aus dem Fenster. Plötzlich
bremste der Zug mit kreischenden Rädern ab. Die
Stille wurde von Schüssen und lautem Geschrei
zerfetzt. Schreiend ritten wilde Gesellen am Zug
entlang. Schon drängten einige ungestüm in die
Abteile hinein. Auf ihren Befehl hin musste ich
meine Geldbörse abgeben. Allen anderen
Passagieren erging es genauso wie mir. Kurz
darauf waren die Räuber wieder verschwunden.
Zum Glück waren wir am Leben geblieben.

Seite 123:
Aufgabe 1:
Der verbesserte Text lautet:
Am Sonntag waren wir mit unseren Eltern im Zoo.
Zuerst sahen wir uns die Giraffen und Nashörner
an. Danach gingen wir zu den Löwen. Tatsächlich
hörten wir den männlichen Löwen laut brüllen.
Auf dem weiteren Weg kamen wir bei den Wölfen
vorbei. Dabei konnten wir an der Fütterung teilnehmen. Auf einer großen Wiese erlebten wir eine
Flugschau. Die mächtigen Geier hörten wir über
unseren Köpfen rauschen. Am besten fanden wir
aber die Vorführung der Seehunde.

Seite 124:

Quelle für die Seitenangaben ist:
Unser Wortschatz. Hrsg. v. Helmut Melzer,
Wolfgang Menzel, Günter Rudolph. Bildungshaus
Schulbuchverlag Westermann Schroedel Diester-
weg Schöningh Winklers GmbH.
Braunschweig 2006.

Aufgabe 1:

Ein Kajak ist ein Paddelboot. (Seite 138)

Ein Fondue ist ein Gericht aus Fleisch und Käse.
(Seite 95)

Eine Kolonie ist eine Siedlung. (Seite 150)

Argument ist ein anderes Wort für „Grund".
(Seite 22)

Aufgabe 2:

Der Pokal ist ein Sportpreis. (Seite 212)

Die Forelle ist ein Raubfisch. (Seite 95)

Der Hengst ist ein männliches Pferd. (Seite 123)

Die Prognose ist eine Vorhersage. (Seite 217)

Seite 125:

Aufgabe 2:

1. Athlet (Seite 24): Wettkämpfer, muskulöser
   Mensch
2. sympathisch (Seite 293): angenehm, liebenswert
3. Argument (Seite 22): Beweisgrund
4. Ideal (Seite 129): Muster an Vollkommenheit,
   Vorbild, Wunschvorstellung
5. Diät (Seite 63): Schonkost
6. Charakter (Seite 55): Wesensart, sittliches
   Verhalten
7. Thema (Seite 299): Aufgabe, Überschrift,
   Grundgedanke
8. Programm (Seite 217): Plan, Folge von Darbie-
   tungen, Aufeinanderfolge von Schaltvorgängen

Seite 126:

Aufgabe 3:

Athlet, Argument, Charakter, Diät, Ideal, Programm,
sympathisch, Thema

Aufgabe 4:

Athlet, Argument, Charakter, Diät, Ideal, Programm,
sympathisch, Thema

Aufgabe 5:

der Athlet – die Athleten;

das Argument – die Argumente;

das Ideal – die Ideale;

die Diät – die Diäten;

der Charakter – die Charaktere;

das Thema – die Themen;

das Programm – die Programme

Aufgabe 6 (mögliche Lösung):

1. Athlet: Athletin, athletisch
2. sympathisch: Sympathie, Sympathisant
3. Argument: Argumentation, argumentieren
4. Ideal: ideal, idealisieren
5. Diät: Diätkost, Diätplan
6. Charakter: charakterlos, charakterisieren
7. Thema: thematisieren, Thematik
8. Programm: programmieren, Fernsehprogramm

Seite 127:

Aufgabe 7 (mögliche Lösung):

Ein sympathischer Mensch ist eine liebenswerte
Person.

Ein Argument ist ein Beweisgrund. Es unterstützt
eine Meinung / These, die man hat.

Ein Ideal ist ein Vorbild. Es kann entweder ein
Vorbild in Vollkommenheit sein oder eine Wunschvorstellung beinhalten.

Unter Diät versteht man ursprünglich eine bewusste
und gesunde Ernährung. Oft wird Diät heute auch
als Wort für Abnehmen verwendet.

Charakter kann sehr vieles beschreiben: Wenn man
sagt, dass ein Mensch einen guten Charakter hat,
heißt das, dass er ein gutes, nettes Wesen, eine
freundliche Art hat.

Über ein Thema kann man reden, schreiben und
nachdenken. Es enthält die wichtigste Aussage.

Ein Programm ist immer eine Aufeinanderfolge
von Vorgängen oder Dingen. Im Fernsehen laufen
verschiedene Filme nacheinander. Oder man ist
auf einem Konzert und verschiedene Bands treten
nacheinander auf.

Aufgabe 8:

der Athlet; das Argument; das Ideal; die Diät;
der Charakter; das Thema; das Programm

Inhalt

→ Jemanden kritisieren, ohne zu verletzen

1 Die Schüler der Klasse 7a sprechen in der Pause
über die nächste Sportstunde.
Lies dir das Gespräch aufmerksam durch.

Luisa: Ich freu' mich schon auf Fußball!

Olli: Au ja, aber diesmal spielen Jungen und Mädchen
in getrennten Mannschaften!

Anna: Das finde ich gut! Ihr Jungen schießt mir viel zu hart.
Das macht ihr absichtlich. Ich spiele lieber mit Mädchen.

Luisa: Ihr seid langweilig! Ich finde gemischte Mannschaften besser,
weil da auch mal Tempo ins Spiel kommt. Ich spiele gern
Fußball, und da gehören auch härtere Schüsse dazu.
Ich kann ja schließlich auch etwas härter schießen.

Anna: Das stimmt. Du bist aber auch im Verein, und du spielst
genauso ruppig[1] wie die Jungen.

Olli: Ich habe keine Lust auf die Mädchen. Die meisten stehen
doch nur doof rum. Wegen euch verlieren wir immer.

Marc: Ich bin der Meinung, dass die Mädchen ruhig mitspielen
sollten. Das macht doch viel mehr Spaß.

Marie: Und ich finde es super, mit den Jungen zu spielen.
Nur, weil ich nicht so schnell bin und nicht so hart schießen
kann, soll ich jetzt nicht mehr mitspielen? Das ist nicht fair!
Außerdem spiele ich gut. Beim letzten Mal habe ich sogar
ein Tor geschossen. Es kommt nämlich auch auf Taktik an.
Und darin bin ich sehr gut.

_____

[1] ruppig = hier: grob, raubeinig

2 Welche Schüler sind für gemischte Mannschaften?
Welche Schüler sind für getrennte Mannschaften?
Trage ihre Namen in die Tabelle ein.

Schüler für gemischte Mannschaften	Schüler für getrennte Mannschaften

3 Mit welchen Gründen argumentiert Luisa für gemischte Mannschaften?

_____

_____

4 Anna und Olli sind für getrennte Mannschaften. Welche Gründe nennen sie?

_____

_____

_____

5 Ein Mädchen ist sehr freundlich und begründet seine Meinung gut.
• Welches Mädchen ist es? Lies im Text nach.
• Schreibe die Begründungen des Mädchens dann hier auf.

_____

_____

_____

6 Was ist Luisa in ihrem Gesprächsbeitrag schon gut gelungen? Kreuze an.

   a) Sie wählt passende Satzanfänge: Ich finde …, Ich bin der Meinung …
   b) Sie bleibt beim Thema und begründet die eigene Meinung.
   c) Sie lässt sich nicht provozieren und beleidigt niemanden.

7 Welchen Kommentar sollte Luisa weglassen? Streiche ihn im Text durch.

8 Olli vertritt seine Meinung noch nicht ganz so fair.
Markiere seine Meinung und seine Begründung im Text.

9 Welchen Tipp gibst du Olli, damit seine Gesprächsbeiträge freundlicher werden?
Kreuze einen Satz an, den du passend findest:

   a) Ich würde lieber nur mit Jungen spielen, weil Mädchen keine Lust
      auf Fußball haben oder immer Angst vor dem Ball haben.
      Und schießen können sie auch nicht.
   b) Wir hatten schon zu oft gemischte Mannschaften. Jetzt will ich
      endlich wieder nur mit Jungen spielen. Sonst spiel ich nicht mehr mit.
   c) Ich bin der Meinung, dass Jungen härter spielen als Mädchen.
      Den Mädchen macht das deshalb oft nicht so viel Spaß.
      Deshalb finde ich getrennte Mannschaften gut.

10 Schreibe das Gespräch der Schüler so auf, dass sich alle an Gesprächs-
regeln halten. Benutze die Vorschläge in den Klammern.

Luisa: Ich freu' mich schon auf Fußball!

Olli: Au ja, aber diesmal
(würde ich gern, hätte ich Lust, getrennte Mannschaften)

_____

_____

Anna: Das finde ich gut! Ich spiele gern mit Mädchen, weil
(Spieltempo etwas langsamer, Schüsse weicher)

_____

_____

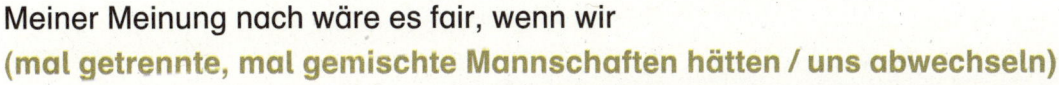

Luisa: Ich finde gemischte Mannschaften besser, weil da auch mal
Tempo ins Spiel kommt. Ich spiele gern Fußball,
und da gehören auch härtere Schüsse dazu.
Ich kann ja schließlich auch etwas härter schießen.

Anna: Das stimmt. Du bist aber auch im Verein. Für mich ist das anders,
weil es mir schwerfällt, **(den Ball hart genug zu schießen /
die ganze Zeit zu laufen / mit den Jungen mitzuhalten)**

_____

_____

Meiner Meinung nach wäre es fair, wenn wir
(mal getrennte, mal gemischte Mannschaften hätten / uns abwechseln)

_____

_____

Olli: (Schreibe hier deinen Satz aus Aufgabe 9 auf.)

_____

_____

_____

_____

Marc: Ich bin der Meinung, dass die Mädchen ruhig mitspielen sollten. Das macht doch viel mehr Spaß.

Marie: Ich finde es super, mit den Jungen zu spielen. Nur, weil ich nicht so schnell bin und nicht so hart schießen kann, soll ich jetzt nicht mehr mitspielen? Das ist nicht fair! Außerdem spiele ich gut. Beim letzten Mal habe ich sogar ein Tor geschossen. Es kommt nämlich auch auf Taktik an. Und darin bin ich sehr gut.

11 Welcher Meinung bist du? Schreibe sie auf und begründe sachlich.

Ich bin der Meinung, dass _____

_____

_____

weil _____

_____

_____

_____

12 Überprüfe Aufgabe 11 mit Hilfe der Checkliste. Hake ab.

CHECKLISTE: FAIR MITEINANDER DISKUTIEREN

Ich habe beim Schreiben …

☐ passende Satzanfänge gewählt
(Ich denke, dass … – Ich bin der Meinung, dass …).

☐ die anderen Kinder freundlich angesprochen.

☐ niemanden beleidigt oder verletzt.

☐ meine Meinung sachlich begründet.

☐ das Thema nicht gewechselt.

→ Das richtige Wort betonen

1 Sprich die folgenden Sätze so, dass du das unterstrichene Wort betonst.
Dabei kannst du ruhig ein bisschen übertreiben.

<u>Ich</u> bin doch mit unserem Hund vorhin erst spazieren gegangen!
Ich bin doch mit unserem Hund <u>vorhin</u> erst spazieren gegangen!
Ich bin doch mit unserem <u>Hund</u> vorhin erst spazieren gegangen!

2 In den nächsten Sätzen sagt der Vater immer etwas anderes.
Das Kind gibt immer dieselbe Antwort. Aber es betont immer
ein anderes Wort im Antwortsatz. In der ersten Antwort passt
zum Beispiel die Betonung des Wortes „Ich" am besten.

Vater: Deine <u>Schwester</u> soll doch bitte mal den Hund ausführen!
Kind: <u>Ich</u> bin doch mit unserem Hund vorhin erst spazieren gegangen!

3 Unterstreiche in den beiden nächsten Antwortsätzen das Wort, das du
besonders betonen würdest, damit die Antwort gut zur Bitte des Vaters passt.

Vater: Du, geh doch <u>jetzt</u> bitte mal mit dem Hund Gassi!
Kind: Ich bin doch mit unserem Hund vorhin erst spazieren gegangen!

Vater: Kannst du bitte mal das <u>Pony</u> auf die Weide führen?
Kind: Ich bin doch mit unserem Hund vorhin erst spazieren gegangen!

4 Das Kind betont auch in den folgenden Antworten immer ein anderes Wort.
Unterstreiche in jedem Beispiel das Wort, das am besten zur Bitte des Vaters passt.

Vater: Dein <u>Bruder</u> müsste mal bitte euer Zimmer aufräumen.
Kind: Ich hab doch gestern erst unser Zimmer aufgeräumt.

Vater: Räum du doch <u>jetzt</u> bitte eure Sachen weg.
Kind: Ich hab doch gestern erst unser Zimmer aufgeräumt.

Vater: Kannst du nicht mal die <u>Flaschen</u> wegbringen?
Kind: Ich hab doch gestern erst unser Zimmer aufgeräumt.

Welches Wort man in einem Satz betont, hängt oft auch davon ab,
welcher Satz davor steht. Er ist also eine Art Antwort auf den Satz davor.

M

→ **Eine Zungenbrechergeschichte zum Vorlesen vorbereiten**

1 Lies dir den Text zunächst einmal leise durch.

Der Zungenbrecher von den Brockenhexen

<u>Wisst</u> ihr, **I** wo die <u>Brockenhexen</u> wohnen? **II**

Sie <u>wohnen</u> im <u>Harz</u>. **I** <u>Das</u> ist ein <u>Bergwald</u> in Norddeutschland. **II**

<u>Drei</u> <u>Brockenhexen</u> wollten einmal <u>fein</u> essen gehen. **I**

<u>Dafür</u> zogen sich <u>alle drei</u> einen <u>roten</u> Gehrock[1] an. **II**

Sie <u>ritten</u> auch <u>nicht</u> auf ihren <u>Besen</u>. **I**

<u>Unerkannt</u> fuhren sie mit einem alten <u>Tretboot</u> zum <u>Restaurant</u>. **II**

<u>Dort</u> aßen sie <u>genüsslich</u> <u>Rehbock</u> im <u>Brotteig</u> **I**

und zum <u>Nachtisch</u> gab es knuspriges <u>Teebrot</u>[2] mit <u>Soße</u>. **II**

(nach Wolfgang Menzel)

---

[1] Gehrock – knielange Jacke mit zwei Knopfreihen
[2] Teebrot – Gebäck zum Tee

2 Lies den Text nun auch laut. Er ist schon mit Vorlesezeichen versehen.
- Mach bei jedem Strich (**I**) eine kleine Pause
  und bei jedem Doppelstrich (**II**) eine größere Pause.
- Die <u>unterstrichenen</u> Wörter kannst du besonders betonen.

3 Über diese Hexen gibt es einen Zungenbrechertext.
Lies ihn dir durch.

> Drei Brockenhexen im roten Gehrock
> bestiegen im Harz ein rostiges Tretboot,
> sie aßen im Brotteig gebratenen Rehbock
> und Soße mit knusprig gebackenem Teebrot.

4 Suche dir einen Partner oder eine Partnerin.
Lest euch nun abwechselnd den Zungenbrechertext vor.
Fangt erst langsam an und versucht dann, immer schneller zu werden.

→ Einen Superstar ankündigen

Heute ist Schulfest. Du hast die Aufgabe übernommen,
als letzten Programmpunkt euren „Superstar" anzukündigen.

1 Lies dir deinen Ankündigungstext erst einmal in Ruhe durch.

Liebe Eltern! **I** Liebe Mitschülerinnen und Mitschüler! **II**

Wir sind nun fast am Ende unseres Programms, **I**

aber das Beste kommt wie immer zum Schluss. **II**

Ich weiß, ihr könnt es kaum erwarten, sie zu sehen. **II**

Wir haben es geschafft, sie für euch einzuladen.

Heute Abend ist sie tatsächlich bei uns.

Und das Tollste ist: Sie will keinen einzigen Euro dafür.

Ihr Wunsch ist es, einmal mit unserer Schülerband „Die vollen Hosen"

aufzutreten.

Das haben wir möglich gemacht.

Und hier ist sie: Susi Suuuperstar! Applaaauuus!

2 Suche dir einen Partner oder eine Partnerin.
• Überlegt gemeinsam, wo ihr deutliche Sprechpausen machen wollt.
• Erprobt, welche Wörter ihr besonders betonen möchtet.
• Tragt dann die fehlenden Vorlesezeichen ein.

3 Probt nun euren Ankündigungstext.
Denkt daran, ihr wollt das Publikum total begeistern.

→ Recherchieren: Informationen sammeln und festhalten

1 Sergei macht eine Ausbildung zum
Tierpfleger im Zoo.
Was macht er dort den ganzen Tag?
Mert hat nachgefragt.
Lies sein Interview mit Sergei aufmerksam.

Interview mit dem Tierpfleger Sergei

Mert: Hi, Sergei, wie sind deine Arbeitszeiten im Zoo?

Sergei: Ich fange morgens um 6.30 Uhr an und arbeite bis 16.00 Uhr.
Wenn die Tiere Nachwuchs kriegen, arbeite ich auch manchmal nachts.

Mert: Um welche Zootiere kümmerst du dich denn?

Sergei: Ich bin für Giraffen, Zebras und Löwen zuständig.

Mert: Was musst du als Tierpfleger alles tun?

Sergei: Als erstes schaue ich morgens nach meinen Tieren.
Sind alle gesund? Dann füttere ich die Giraffen und Zebras im Stall.
Während sie fressen, muss ich die Außenanlage ausmisten.
Dabei überprüfe ich das Gehege: Ist der Zaun sicher?
Danach lasse ich die Tiere raus und miste die Ställe aus.

Mert: Wie wird man eigentlich Tierpfleger?

Sergei: Die Ausbildung zum Tierpfleger dauert drei Jahre.
Es ist kein besonderer Schulabschluss vorgeschrieben.
Während der Ausbildung verdient man etwa 774 Euro im Monat.
In Zoos, Naturparks und Wildgehegen kann man arbeiten.

Mert: Welche Eigenschaften sollte man als Tierpfleger mitbringen?

Sergei: Man sollte selbstständig arbeiten und nicht empfindlich sein.
Der Hauptteil der Arbeit besteht nämlich darin, dass man Ställe
sauber macht. Auch Tiere sollte man mögen, egal ob groß oder klein.
Und wenn ein Tier stirbt, dann muss man damit fertig werden können.
Das ist nicht immer einfach. Am besten ist es, vorher ein Praktikum zu
machen. Dann merkst du, ob Tierpfleger ein Beruf ist, der zu dir passt.

Mert: Welches ist dein Lieblingstier?

Sergei: Ich mag alle Tiere. Aber die Löwen habe ich am liebsten,
weil sie so stark und eigenwillig sind.

2 Was meinst du, wäre das ein Beruf für dich? Schreibe deine Meinung auf.

3 Sieh dir das Interview noch einmal an.
- Im ersten Teil des Interviews sind die wichtigsten Wörter bereits markiert.
- Markiere die wichtigsten Wörter für den letzten Teil des Textes.

4 Für einen Kurzvortrag über den Beruf des Tierpflegers brauchst du Redekarten.
Ergänze die fehlenden Angaben auf den Redekarten. Nutze die Markierungen im Text.

Mert: Hi, Sergei, wie sind deine Arbeitszeiten im Zoo?
Sergei: Ich fange morgens um 6.30 Uhr an und arbeite bis 16.00 Uhr.

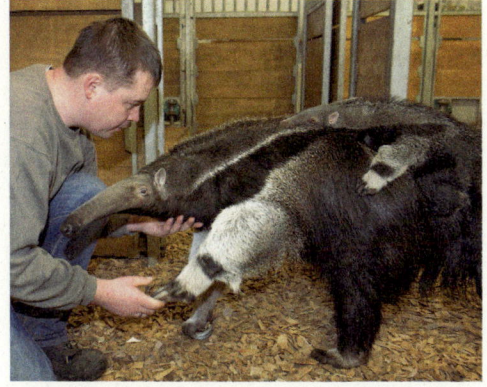

1. Wie sind die Arbeitszeiten als Tierpfleger?

Man arbeitet von 6.30 Uhr bis 16.00 Uhr.

Wenn Tiere geboren werden, kann es sein,

dass man auch nachts arbeiten muss.

2. Was muss man als Tierpfleger alles tun?

Als Tierpfleger muss man _____

_____

_____

_____

3. Wie wird man Tierpfleger?

Die Ausbildung dauert _____

_____

Man verdient _____

_____

4. Wo kann man als Tierpfleger arbeiten?

Als Tierpfleger arbeitet man _____

_____

_____

_____

_____

5. Welche Eigenschaften braucht man als Tierpfleger?

_____

_____

_____

_____

_____

14

→ Eine Einleitung für einen Vortrag anfertigen

1 Was du jetzt noch brauchst, um deine Klasse über den Beruf
des Tierpflegers zu informieren, ist eine **Einleitung**.
Schau dir dazu die beiden folgenden Beispiele an.

> Ihr wart alle schon einmal im Zoo und habt gesehen, wie die Tierpfleger die Elefanten waschen. Da hättet ihr bestimmt gerne mitgemacht. Deshalb möchte ich euch heute ...

> Ich habe ein interessantes Interview über den Beruf des Tierpflegers im Zoo gelesen. Deshalb möchte ich euch heute gern über ...

2 Wie möchtest **du** nun das Interesse deiner Klasse gewinnen?
Notiere dir zunächst Stichwörter.

_____

_____

3 Formuliere nun deine Einleitung, mit der du deinen Vortrag beginnen möchtest.
Achte auch auf die Hinweise im Merkkasten unten.

_____

_____

_____

Deshalb möchte ich euch heute _____

_____

M

Einen Vortrag einleiten

Was macht eine gute Einleitung aus?
Jeder Vortrag beginnt mit einer Einleitung. Sie ist besonders wichtig, weil sie:

• das Interesse des Publikums weckt und

• weil sie die Zuhörer neugierig macht.

Darum sollte man eine Einleitung **ausformulieren und aufschreiben**.
Sie muss **nicht länger als zwei bis drei Sätze** sein.
In einer Einleitung wird das **Thema kurz vorgestellt**.
Man teilt mit, **warum** man sich für das Thema entschieden hat.

→ Ein Präsentationsposter vervollständigen

1 Du kannst bei deinem Vortrag die volle Aufmerksamkeit
deines Publikums gewinnen, wenn du ein Plakat benutzt.
Sieh dir das folgende Plakat in Ruhe an.

Tierpfleger der Fachrichtung Zoo

Arbeitsorte:
Zoos, Naturparks, Wildgehege

Tätigkeiten:
- Tiere betreuen, Tiere füttern,
- Tiere beobachten
- Ställe ausmisten, Außengehege kontrollieren

Ausbildung und Arbeitszeit:

Dauer: _drei Jahre_____

Schulabschluss: _____

Verdienst/Monat: _____

Arbeitszeit: _____

Welche Eigenschaften braucht man?

_____

_____

_____

_____

_____

2 Dieses Plakat ist noch nicht ganz fertig. Ergänze es.
Nutze dafür die Redekarten von Seite 13.

3 Prima! Jetzt hast du alle Vorarbeiten erledigt.
Du kannst deinen Vortrag nun üben.

→ Einem Sachtext gezielt Informationen entnehmen

1 Im folgenden Sachtext geht es um das Thema „Spinnen".
Was weißt du schon über Spinnen? Notiere es hier.

_____

_____

_____

_____

2 Überfliege den Text und verschaffe dir einen Überblick.

Spinnentiere

Spinnentiere haben einen zweigeteilten Körper.
Im Vorderteil sieht man die Kieferklauen[1]. Dort
sind auch zwei kleine Tastarme und acht Beine
zu erkennen. Im hinteren Teil befinden sich
die Spinnwarzen. Mit ihnen stellt die Spinne
Spinnfäden für Netze her.

_____

In Deutschland ist eine der größten Spinnen die
Kreuzspinne. Sie wird bis zu 18 mm groß. Sie lebt
in Gärten, Sträuchern und auf Wiesen. Es gibt aber
auch viel kleinere Spinnen, die nur wenige Millimeter
groß sind. Dazu gehört die Zwergspinne. Sie lebt
an Wald- und Wegrändern und wird ca. 2 mm
groß.

2. Absatz
- Spinnenarten in Deutschland
- Feinde der Spinne

_____

Besonders interessant sind exotische[2] Spinnen. Die
meisten Menschen haben schon von der Vogelspinne
gehört. Sie ist eine der größten Spinnen der Welt und
wird bis zu 12 cm lang und 28 cm breit. Sie kann bis
zu 100 g wiegen, so viel wie eine Tafel Schokolade.

3. Absatz
- Die kleinste Spinne der Welt
- Die Vogelspinne

_____

[1] Kieferklauen: Fangarme am Kopf, mit denen die Spinne
Gift in ihre Beute spritzt
[2] exotisch: aus fremden, fernen Ländern

4

Spinnen sind äußerst nützliche Tiere. Sie fressen
vor allem Insekten und sorgen dafür, dass es
nicht zu viele dieser Tiere auf der Erde gibt.
So bleibt ein natürliches Gleichgewicht erhalten.

4. Absatz
• Pflanzenfresser
• Nützliche Tiere

5

Die Spinnen sind geschickte Jäger. Sie bauen ihre
Netze, um Insekten zu fangen. Die Fäden sind
klebrig, dehnbar und stabil³. Wenn eine Fliege in das
Spinnennetz gerät, bewegt es sich. Dadurch weiß
die Spinne, dass sie Beute im Netz hat. Sie krabbelt
zur Fliege und beißt sie. Dabei verteilt sie ein Gift im
Körper der Fliege. Die Fliege kann sich nicht mehr
bewegen und wird von innen ganz weich. Nun kann
die Spinne sie in Ruhe in ihr Netz einwickeln und
später aussaugen.

5. Absatz
• Geschickte Jäger
• Fliegen im Netz

6

Alle Spinnen sind in gewisser Weise giftig. Sonst
könnten sie ihre Beute nicht erlegen. Das Gift der
exotischen Vogelspinne kann einen Menschen sogar
töten. Aber wenn eine heimische Kreuzspinne einen
Menschen beißt, dann ist das nicht schlimmer als ein
Insektenstich.

³ stabil: fest, kräftig

3 Lies den Text jetzt noch einmal genau. Kläre die Bedeutung der
Wörter, die du noch nicht verstehst. Dabei helfen dir die Fußnoten.
Du kannst auch jemanden fragen oder ein Lexikon benutzen.

4 Sieh dir jeden Absatz noch einmal an. Markiere dann
die wichtigsten Wörter. In Absatz 1 sind diese Wörter
bereits markiert. Starte mit dem zweiten Absatz.

5 Der Text ist in sechs Absätze eingeteilt. Der erste Absatz hat schon eine
Überschrift. Den anderen Absätzen sollst du eine Überschrift geben.
• Wähle aus den Vorschlägen am Rand aus. Es passt immer nur einer.
• Formuliere für den letzten Absatz selbst eine Überschrift.

18

**Sach-
texte**
und Medien

6 Schreibe hier die Wörter auf, die im 1. Absatz schon markiert sind.

Absatz 1:   Spinnentiere

_____ zweigeteilter Körper, Kieferklauen _____

_____

_____

7 Trage jetzt die Überschriften und die markierten Wörter für die übrigen
Absätze hier ein.

Absatz 2: _____

_____

_____

Absatz 3: _____

_____

_____

_____

Absatz 4: _____

_____

_____

Absatz 5: _____

_____

_____

_____

Absatz 6: _____

_____

_____

_____

→ Ein Diagramm lesen und verstehen: Lieblingssportarten

1 In diesem Kapitel geht es um Lieblingssportarten von Jungen
und Mädchen. Welche Sportart magst du am liebsten?

_____

2 Eine Million Kinder wurden nach ihren Lieblingssportarten gefragt.
Die Ergebnisse wurden in Diagrammen dargestellt.
Von links nach rechts kann man Balken erkennen.
Diese Diagramme werden deshalb **Balkendiagramme** genannt.
- Das linke Diagramm zeigt die Lieblingsportarten der Jungen,
  das rechte Diagramm die Lieblingsportarten der Mädchen.
- Sieh dir die beiden Diagramme zunächst einmal in Ruhe an.

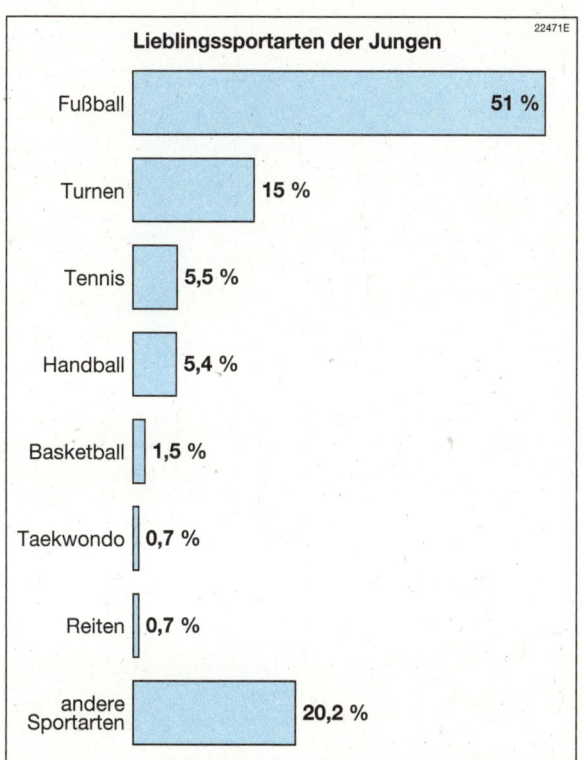

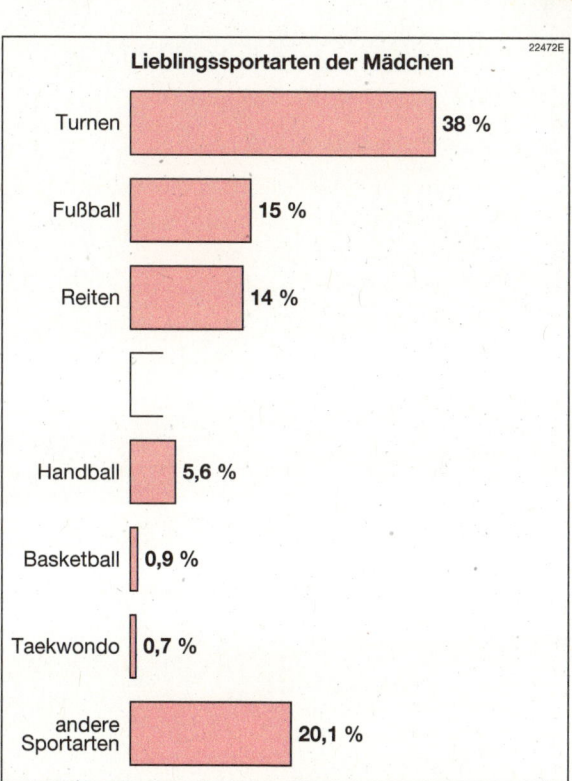

3 Die Länge der Balken zeigt dir, wie beliebt eine Sportart ist.
Welche Sportart ist bei den Jungen am beliebtesten?

Bei den Jungen ist _____ mit 51% die beliebteste Sportart.

4 Welche Sportart ist bei den Mädchen am beliebtesten?

Bei den Mädchen ist die Sportart _____ mit _____% am beliebtesten.

5 Lies dir nun folgenden Text über die Lieblingssportarten
der Mädchen durch.

Lieblingssportarten der Mädchen

38 % der Mädchen turnen am liebsten.
An zweiter Stelle der beliebtesten Sportarten steht mit 15 % der Fußball.
14 % der Mädchen reiten regelmäßig.
Tennis spielen wenige Mädchen in ihrer Freizeit.
Nur 5,7 % der Mädchen betreiben diesen Ballsport.
Auch Handball liegt bei Mädchen weit hinten. Lediglich 5,6 % der Mädchen
spielen Handball.
Basketball wird von Mädchen mit 0,9 % besonders selten gespielt.
Am unbeliebtesten ist bei den Mädchen mit 0,7 % die Sportart Taekwondo.

6 Sieh dir jetzt noch einmal das Diagramm über die Lieblingssportarten der Mädchen an. Bei einer Sportart fehlt der Balken.
Um welche Sportart handelt es sich?

Die gesuchte Sportart ist _____.

7 Suche aus dem Text (Aufgabe 5) die Prozentangabe dazu heraus.
Zeichne dann den Balken möglichst genau in das Diagramm auf Seite 19 ein.

8 Welche Sportarten werden von Mädchen und von Jungen selten betrieben?

Bei Mädchen und Jungen ist die Sportart _____
mit 0,9 % (Mädchen) und 1,5 % (Jungen) eher unbeliebt.

Auch die Sportart _____
wird mit 0,7 % von Mädchen und Jungen selten betrieben.

9 Mädchen betreiben mit 38 % am häufigsten die Sportart Turnen.
An welcher Stelle steht dieser Sport bei Jungen?

Bei den Jungen steht diese Sportart mit _____ % an _____ Stelle.

10 Fußball wird besonders häufig von Jungen betrieben.
An welcher Stelle steht dieser Sport bei Mädchen?

Bei den Mädchen steht Fußball mit _____ % an _____ Stelle.

11 Bei den Lieblingssportarten der Jungen und Mädchen gibt es Unterschiede und auch Gemeinsamkeiten. Kreuze die drei richtigen Aussagen an. Schau noch einmal genau in die Diagramme.

☐ Die Lieblingssportart der Jungen ist Fußball.

☐ Die Lieblingssportart der Mädchen ist Reiten.

☐ Fußball und Turnen stehen bei Mädchen und Jungen ganz oben in der Beliebtheit.

☐ Mädchen und Jungen haben keine gemeinsamen Lieblingssportarten.

☐ Mädchen und Jungen betreiben am seltensten Basketball und Taekwondo.

12 Befrage jetzt deine Mitschüler und Mitschülerinnen nach ihrer Lieblingssportart.
- Nutze dazu die folgende Tabelle. Jedes Mal, wenn eine Sportart aus der Tabelle genannt wird, kannst du ein Feld dahinter ankreuzen.
- Trage auch deine Lieblingssportart ein. Jeder hat eine Stimme.

Fußball																								
Turnen																								
Reiten																								
Tennis																								
Handball																								
Leichtathletik																								
Schwimmen																								
Volleyball																								
Basketball																								
Judo																								
Ski																								
Taekwondo																								
Badminton																								
Schießen																								
Tischtennis																								

13 Welche Sportart ist in deiner Klasse am beliebtesten?

_____

14 Welche Sportart wird in deiner Klasse am seltensten betrieben?

_____

15 Knobelaufgabe: Wenn du wissen möchtest, wie viel Prozent das in eurer Klasse ausmacht, dann frage deinen Mathematiklehrer. Er wird dir helfen und erklären, wie man die Prozentrechnung anwendet.

→ **Werbung: Wie Werbung funktioniert**

1 Sieh dir diese Werbeanzeige aufmerksam an.

Der Golf TDI. Unglaubliche Beschleunigung.

Aus Liebe zum Automobil

2 Was fällt dir an dieser Werbeanzeige auf?
Welche Gedanken gehen dir dabei durch den Kopf?

_____

_____

_____

3 Schau dir das Bild noch einmal ganz genau an.
Lies dir dann auch den Text unter dem Bild durch.
Für welches Produkt wirbt diese Anzeige?

Diese Anzeige wirbt für _____

_____

_____

4 Ungewöhnliche Bilder oder auffällige Werbesprüche werden „Eye-Catcher" genannt. Lies dir den Merkkasten aufmerksam durch.

> **Eye-Catcher**
> Ein Eye-Catcher ist ein auffälliges Bild oder ein hervorgehobener Text. So wird unsere Aufmerksamkeit eingefangen und gezielt auf das Produkt gelenkt.

5 Was ist der „Eye-Catcher" der Autowerbung?

Der „Eye-Catcher" der Autowerbung ist _____.

6 Sieh dir noch einmal ganz genau den Hund an.
Achte besonders darauf, **wie** er auf der Rückbank sitzt.
Was könnte der Hund denken? Schreibe es hier auf.

_____

_____

_____

_____

_____

7 Warum ist der Hund wohl eingeklemmt?
Welches Ereignis mag dazu geführt haben?

_____

_____

_____

8 Mit der Werbung möchte die Firma natürlich erreichen,
dass viele Menschen das Auto kaufen. Wie schafft diese Werbung das?
Kreuze an, welche Begründung du für die richtige hältst.

Dieses Auto möchte man gern kaufen, ...

☐ ..., weil man das Auto wegen seiner unglaublichen Beschleunigung besitzen möchte.

☐ ..., weil man seinen Hund auf der Rückbank einklemmen will.

☐ ..., weil man mit diesem Auto schnell und sportlich fahren kann.

☐ ..., weil man mit diesem tollen Produkt „in" ist.

→ Einen Text über eine Werbeanzeige vervollständigen

1 Du kennst diese Werbung und hast dich mit ihr aus-einandergesetzt.
Sieh sie dir nun noch ein-mal aufmerksam an.

Der Golf TDI. Unglaubliche Beschleunigung.

VW

Aus Liebe zum Automobil

2 Lies dir den folgenden Lückentext zunächst einmal ganz durch.

Die Werbeanzeige mit dem eingeklemmten Hund auf der Rückbank

Diese Werbeanzeige habe ich in einer Zeitschrift

entdeckt. Auf die Anzeige bin ich sofort durch den

eingeklemmten Hund auf dem Rücksitz aufmerksam

geworden. Die Anzeige richtet sich meiner Meinung

nach an Kunden, die den _____ ➤ **Welcher Autotyp ist gemeint?**

kaufen wollen.

Beim ersten Hinsehen ist mir sofort der Eye-Catcher

der Anzeige aufgefallen: _____ ➤ **Was ist der Eye-Catcher dieser Anzeige?**

_____

Von dem Hund auf der Rückbank sieht man nur den

Kopf und die Pfoten. Seinen Körper sieht man nicht.

Der steckt zwischen dem Sitz und der Rückenlehne.

Der Hund schaut den Betrachter ganz verdattert an.

Beim genauen Hinsehen bemerkt man dann, dass der

Hund nicht angeschnallt ist. Erst dann sieht man den

Werbetext unter dem Bild.

Die Farbe der Rückbank ist Schwarz. Das sieht kühl

und sehr edel aus. Der Hund hebt sich mit seinen

weißen Läufen und Pfoten und mit seinem

weiß-braunen Gesicht von der dunklen Farbe

_____ ab.   ➤ **Wie hebt sich der Hund ab?**

Wenn man genau hinguckt, sieht man auch die

roten Halter für die Sicherheitsgurte. Was aber der

eingeklemmte Hund mit dem Golf TDI zu tun hat,

erfährt man erst, wenn man den Slogan liest.

Der Werbeslogan heißt: _____   ➤ **Wie lautet der Slogan?**

_____

_____.

Ich denke, die Werbeanzeige soll ausdrücken, dass

der Golf TDI _____   ➤ **Was bringt die Werbung besonders zum Ausdruck?**

_____ ist und abzischt wie eine Ra-

kete. Deshalb guckt der Hund auch total überrascht.

3 Ergänze den Lückentext. Nutze dazu die folgenden Notizen:

Golf TDI   **besonders gut**
der eingeklemmte Hund auf der Rückbank   **atemberaubend schnell**
Der Gold TDI. Unglaubliche Beschleunigung.

4 Schreibe hier deine eigene Meinung zu dieser Anzeige auf.

Meine Meinung:

An dieser Anzeige _____

_____   **Was gefällt dir an der Anzeige? Was kritisierst du?**

_____

_____

→ Wie Werbung funktioniert: Der Slogan

1 Hier findest du bekannte Werbeslogans. Slogans sind Werbesprüche, die meistens sehr kurz sind. Sieh sie dir an.

Du stellst dir die Zukunft vor.
Wir bauen sie.

Dein Held. Dein Abenteuer.
Dein Dragon Quest.

2 Lies dir diesen Informationstext über Slogans aufmerksam durch.

Der Slogan

Ein Slogan muss kurz sein. Wir müssen ihn uns gut merken können, weil wir eine Werbeanzeige nur wenige Sekunden betrachten. Schafft der Slogan es in dieser Zeit nicht, sich uns einzuprägen oder unsere Aufmerksamkeit zu bekommen, dann hat er versagt. Slogans werden nach bestimmten Regeln und Mustern „erfunden". Meistens sind sie witzig. Hier sind einige Beispiele:

Glänzen Sie mit Ihrem Hairstyling! – Slogan mit einem Befehl (Imperativ)

Husten? Dafür gibt's doch Ratiopharm. – Frage-/Antwort-Slogan

Connecting People. – Fremdsprachlicher Slogan

Quadratisch, praktisch, gut. – Slogan mit Begründung

Geiz ist geil! – Slogan, der provoziert

Actimel aktiviert Abwehrkräfte – Slogan mit Stabreim

(die Wörter haben dieselben Anfangsbuchstaben)

3 Warum bleiben diese Werbeslogans in unserem Gedächtnis? Finde die vier richtigen Antworten und kreuze sie an. Die Werbeslogans merken wir uns und können sie manchmal sogar auswendig, …

☐ …, weil sie leicht zu merken sind.

☐ …, weil sie oft nur aus wenigen Wörtern bestehen, manchmal nur aus einem Wort.

☐ …, weil sie das beworbene Produkt genau erklären.

☐ …, weil sie dieselben Anfangsbuchstaben haben.

☐ …, weil sie viele Einzelheiten des Produkts beschreiben.

☐ …, weil sie lustig und frech sind.

4 Bestimmt hast du den ein oder anderen dieser Slogans schon einmal gehört.

Damit sie auch morgen noch kraftvoll zubeißen können. (blend-a-med)

Lust auf Genuss? (Schokoladen-Sticks)

Ich bin doch nicht blöd. (Media Markt)

Sie lieben Filme? – Wir auch! (TV Spielfilm)

Weil's gut ankommt (Hermes Paketdienst)

Spar Dich reich! (Saturn Techno Markt)

We love to entertain you. (ProSieben)

o2 can do (Handy: o2)

WIE WO WAS weiß OBI (OBI-Baumarkt)

5 Ordne die Slogans den verschiedenen Slogan-Arten der Tabelle zu.
Vielleicht fallen dir noch weitere Beispiele aus der aktuellen Werbung ein,
mit denen du die Tabelle ergänzen kannst.

Slogan mit einem Befehl (Imperativ)	Frage-/Antwort-Slogan
Glänzen Sie mit Ihrem Hairstyling!	Husten? Dafür gibt's doch Ratio-pharm.

Slogan mit Stabreim	Fremdsprachlicher Slogan
Milch macht müde Männer munter.	Connecting People.

Slogan mit Begründung	Slogan, der provoziert
Weil ich es mir wert bin.	Geiz ist geil!

6 Suche dir zwei Produkte aus. Formuliere für jedes Produkt einen Slogan.

Milch – Knilch   Sport – Wort   Ball – Knall   Rouge – Mousse

Pizza – Nizza   Handy – trendy   Pause – Brause   Tee – Klee

_____

_____

→ Erzählen: Die Erzählperspektive erarbeiten

1 Lies dir die Geschichte zunächst einmal in Ruhe durch. Beachte: Zwei Begriffe sind mit Fußnoten erklärt.

Rettung aus Seenot

Am Morgen hatte sich Luisa zusammen mit ihrem Vater einer Gruppe von Badegästen angeschlossen, die eine Wattwanderung machen wollten. Es sollte eine Wanderung werden, die sie nie mehr vergessen würden. Sie stapften durchs Wattenmeer und wollten zu einer kleinen Insel dort hinten hinüber. Das war nur bei Ebbe möglich. Bevor die Flut kam, mussten sie wieder zurück sein. Luisas Bruder Marco und seine Mutter waren nicht mitgegangen. Sie wollten lieber am Strand bleiben.

Die Wandergruppe mit Luisa und ihrem Vater war durch das weite graue Watt[1] gestapft und nach zwei Stunden auf der Insel drüben angekommen. „Das war super!", sagte Luisa. „Aber lange ausruhen können wir uns nicht", sagte der Vater. „Wir müssen uns bald wieder auf den Weg machen, ehe die Flut kommt. Sonst wird es gefährlich!"

Zur selben Zeit spielte Marco mit seinen Freunden Volleyball am Strand. Manchmal schaute die Mutter durchs Fernglas übers Watt hinüber auf die Insel. Tatsächlich erkannte sie Luisa an ihrem roten Kopftuch. Hoffentlich kommen sie rechtzeitig zurück, dachte sie. Nach einer halben Stunde machte sich die Gruppe wieder auf den Rückweg.

Als sie auf dem halben Weg waren, sahen sie plötzlich, wie das Wasser der Flut schon in die ersten Priele[2] lief. Sie mussten durch das Wasser durch. „Los, komm!", sagte der Vater. „Wir müssen uns beeilen!" Doch der Schlammboden wurde immer weicher, die Priele wurden immer voller, die Beine sanken immer tiefer ein, sodass sie manchmal fast stecken blieben.

---

[1] Watt: weicher, grauer Sand vor der Küste, der von der Flut täglich überflutet wird.
[2] Priel: Vertiefung im Watt, die einem Fluss ähnelt. Die Vertiefung füllt sich bei Flut mit Wasser und kann sehr tief sein.

Luisa riss sich ihr rotes Tuch vom Kopf. Sie begann, aufgeregt damit zu winken. Der Vater schrie Worte in sein Handy hinein. Luisa fing an zu weinen. Sie dachte: Das schaffen wir nie! Dann sagte sie: „Ich kann nicht mehr!"

In der Zwischenzeit beobachtet die Mutter die kleine Gruppe mit dem Fernglas. Plötzlich steht sie auf. Sie sieht immer wieder durchs Fernglas. Sie wird immer aufgeregter. Sie blickt zu den Männern hinauf, die in ihrer Rettungsstation sitzen.

Sie rennt zu ihnen. Sie ruft laut: „Da drüben! Die Leute schaffen es nicht mehr! Meine Tochter und mein Mann sind auch dabei! Sie müssen etwas tun!" Einer der Männer sagt ganz ruhig: „Ja, wir haben die Gruppe schon entdeckt. Wir holen sie da raus!" Am Strand hatten sich schon viele neugierige Menschen versammelt. Marco suchte mit dem Fernglas das Wattenmeer ab. Er sah die kleine Gruppe dort draußen im Watt. Er erkannte auch seinen Vater und seine Schwester, die schon bis zum Bauch im Wasser standen. Er fragte sich: Ob die das wohl schaffen?

Zwei Männer von der Rettungsstation zogen zwei Schlauchboote mit Motor hinaus ins Wasser. Sie ließen den Motor an und brausten hinaus aufs Watt, das jetzt schon fast ganz überflutet war.

Luisa und ihr Vater waren erleichtert, als die Rettungsboote bei ihnen angekommen waren. Alle Wattwanderer wurden aus dem Wasser gezogen, auf die Boote verteilt und dann ging es zurück zum Strand. Erleichtert nahm die Mutter Luisa in den Arm. Dieser Ausflug auf die Insel wird wohl nie mehr vergessen werden.

2 Stell dir einmal vor, du wärst an Luisas Stelle. Du hast dich im Watt verirrt und plötzlich setzt die Flut ein. Das Wasser steigt an, deine Füße stecken im Schlick. Was fühlst du?

Ich fühle mich_____

Schreiben und Präsentieren

3 Worüber wird in dieser Geschichte erzählt? Kreuze einmal an.

☐ Luisa und ihr Vater machen mit einer Gruppe eine Wattwanderung.
Im Schlammboden des Watts haben sie in einer Muschel einen
Einsiedlerkrebs entdeckt.

☐ Luisa und ihr Vater machen mit einer Gruppe eine Wattwanderung.
Sie haben Schwierigkeiten zurückzukommen, weil die Flut kommt.

☐ Luisa und ihr Vater sind am Strand geblieben. Mit dem Fernglas
beobachten sie Marco und die Mutter auf einer Wattwanderung.

4 An der Nordsee zieht sich das
Wasser zweimal am Tag zurück
und kehrt zweimal wieder. Bei Ebbe
läuft das Wasser so lange ab, bis
der Meeresboden und das Watt
frei liegen. Nach einigen Stunden
steigt das Wasser dann ganz langsam wieder an. Dann setzt die Flut
erneut ein.
Warum ist das Wasser bei der Wattwanderung von Luisa und ihrem
Vater so schnell wieder da?

_____

_____

5 Das war eine gefährliche Wattwanderung.
Luisa und ihr Vater haben gerade noch einmal Glück gehabt.
An welche Verhaltensregel hätten sie sich halten sollen?

_____

_____

Verhaltensregeln für Urlauber am Wattenmeer
1. Unternimm eine Wattwanderung nur mit einem einheimischen Führer.
2. Beginne deine Wattwanderung bei ablaufendem Wasser (Ebbe).
3. Gehe nie ohne einen Gezeitenkalender ins Watt.
4. Bleibe immer in Sichtweite der Küste.
5. Kehre bei Wetteränderung und Nebel sofort um.

→ Eine Geschichte in eine andere Perspektive umschreiben

1 Schau noch einmal in den Text „Rettung aus Seenot".
Markiere: Was erfährst du über Luisa, den Vater, die Mutter und Luisas Bruder?

2 Diese Geschichte wird von jemandem erzählt, der alles über die Figuren weiß. Er heißt deshalb **allwissender Erzähler**. Guck noch einmal in den Text. Nutze bei der Beantwortung der Fragen auch deine Markierungen.

Was weiß der Erzähler über Luisa?

_____

Was weiß der Erzähler über den Vater?

_____

Was weiß der Erzähler über die Mutter und Luisas Bruder Marco?

_____

3 Nachdem Luisa sich etwas erholt hat, will sie sofort ihrer besten Freundin Natalie von ihren Erlebnissen berichten.
Sie setzt sich an den Computer und schreibt eine E-Mail.
Lies dir einmal durch, was Luisa schon alles geschrieben hat.

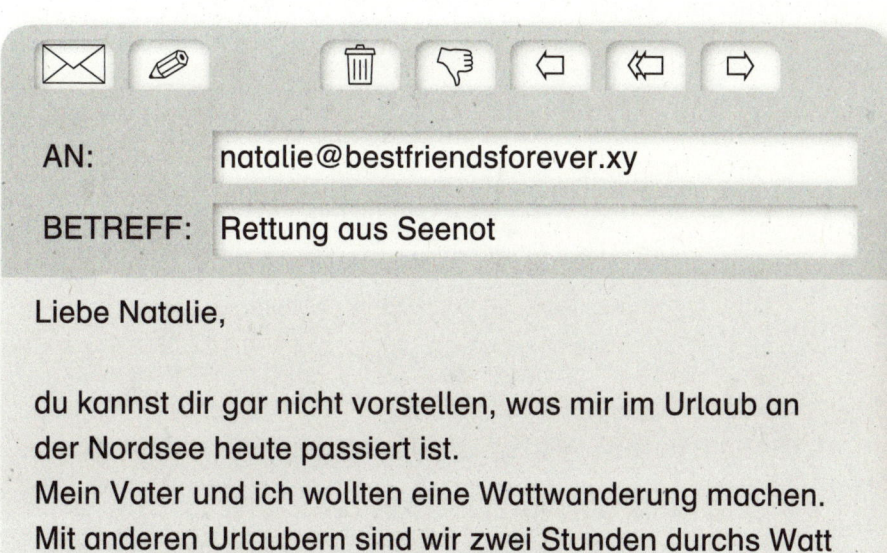

AN: natalie@bestfriendsforever.xy

BETREFF: Rettung aus Seenot

Liebe Natalie,

du kannst dir gar nicht vorstellen, was mir im Urlaub an der Nordsee heute passiert ist.
Mein Vater und ich wollten eine Wattwanderung machen.
Mit anderen Urlaubern sind wir zwei Stunden durchs Watt bis zu einer kleinen Insel gewandert.

Es war gerade Ebbe, das Wasser war weg.
Wir spazierten sozusagen auf dem Meeresboden.
Nur noch der Sand war zu sehen.
Er war ganz weich und grau. Auf der Insel

_____

_____

Ergänze: Was machten die Wattwanderer auf der kleinen Insel?

Wir sahen **plötzlich**,

_____

dass die Flut kam. Es war schon Wasser in den Prielen.

Ändere die Satz-stellung: **Plötzlich** nach vorn stellen!

Mein Vater trieb mich an: „Los komm, beeil dich!"
Aber meine Beine sanken immer tiefer in den weichen
Schlickboden ein. Ich konnte sie kaum noch rausziehen.
Es war schrecklich! Ich riss mein rotes Tuch vom Kopf
und winkte damit hektisch. Hoffentlich konnte mich meine
Mutter am Strand sehen.
Mama, siehst du uns? _____

_____

Dann weinte ich und schluchzte: „Ich kann nicht mehr!"
Mein Vater brüllte hektisch irgendetwas in sein Handy.
Mehrmals hintereinander sagte ich: „Ich kann nicht mehr, ich
kann nicht mehr, ich kann nicht mehr!" Endlich hörte er mich.

Ergänze: Was könnte Luisa ihrer Mutter in Gedanken ver-zweifelt zugeru-fen haben?

4 Ergänze die E-Mail von Luisa. Beachte dabei die Anmerkungen
am Rand in der rechten Spalte.

M

Der Ich-Erzähler

Ein **Ich-Erzähler** erzählt eine Geschichte so, dass er **von sich selbst** in der **Ich-Form**
spricht. Er ist **am Geschehen beteiligt** und hat das Ganze **selbst miterlebt**.
Er kann nur erzählen, was er selbst sieht und fühlt.
Ich bin Luisa und erzähle die Geschichte: „Eines Morgens wollten wir, mein Vater und
ich, durch das Watt hinüber zu der kleinen Insel wandern. Ich war sehr gespannt …"

→ Einen Zeitungstext mit Hilfe von Leitfragen erschließen

1 Lies dir den Zeitungsbericht aufmerksam durch.

Feuerwehr rettet Terrier

Garbsen. Am gestrigen Freitag machte der 13-jährige Niklas G. mit seinem Terrier Kito einen Spaziergang am Kanal. Auf dem Deich[1] ließ er den Hund von der Leine, woraufhin Kito die Böschung in den mit einer dünnen Eisdecke überzogenen Kanal hinunterrutschte. Das Tier brach ein und konnte sich aus dem Eisloch nicht mehr befreien. Der Junge rief mit seinem Handy die Feuerwehr an, die nach kurzer Zeit vor Ort war. Es wurden zwei Leitern ausgelegt, auf der die Männer an das Loch herankriechen und den Hund herausholen konnten. Der Terrier war stark unterkühlt, konnte aber gerettet werden.

---

[1] Deich: ein Wall/eine Art Mauer, die aus Erde, Steinen oder Beton besteht

2 **Was** haben Niklas und Kito erlebt?
Schreibe es mit deinen Worten kurz auf.

_____

_____

3 **Wann** ist es geschehen? Lies noch einmal genau nach.

_____

4 **Wo** ist es passiert?

_____

5 **Wem** ist es passiert?

_____

6 Stell dir einmal vor, du wärst Niklas. Dein Hund Kito stürzt die Böschung hinunter und bricht in ein Eisloch ein.
Schreibe aus der Sicht von Niklas kurz auf, was er alles hören und sehen kann. Nutze dafür die Ich-Form.
Schreibe in der Vergangenheit.

Ich bin mit meinem Hund Kito am Deich spazieren gegangen. Plötzlich

_____

_____

_____

7 Was könnte Niklas zu Kito gesagt haben?

„Kito, mein Freund! _____

_____

_____

_____ „
,

8 Glücklicherweise konnte sich Niklas wieder beruhigen
und hat nachgedacht. Er weiß, dass er in Notfällen Hilfe bekommt.
Deshalb wählt er den **Notruf**.
Was hat Niklas der Notrufzentrale wohl gesagt?
Schreibe es auf.

_____

_____

_____

_____

_____

_____

M

Notruf

Beim Notruf gibst du an,

- **wer** anruft (**Name**).

- **wo** etwas geschehen ist (**Ort**).

- **was** passiert ist (**Ereignis**).

Hier ist Niklas Gerber.
Ich bin am Kanal in Garbsen.
…

→ Aus einer Zeitungsnachricht einen Erzähltext schreiben

1 Lies dir die Erzählung durch und verschaffe dir einen Überblick.

Der Unfall am Deich

Ich hätte nie gedacht, dass ich mit meinem Terrier
Kito einmal eine solche Katastrophe erleben würde!
Gestern ging ich mit ihm auf dem Kanaldeich spazieren. Es fing alles ganz ruhig an. Zu der Zeit wusste
ich noch nicht, welches Unglück uns treffen würde.

Am Deich ließ ich Kito von der Leine. Fröhlich und
munter lief er davon. Ich versuchte ihm zu folgen,
aber Kito lief so schnell, dass ich ihn aus den Augen
verlor. Ich rief ihm noch hinterher:

Welche Worte wurden Kito hinterhergerufen?

„_____

_____

_____

_____!"

Aber Kito reagierte nicht auf mein Rufen. Plötzlich
hörte ich das Jaulen meines Hundes.

**Kito hat Angst –
Verletzung an Pfote –
Kito steckt fest**

_____

_____

_____

Endlich konnte ich mich beruhigen. Mit dem Handy
habe ich die Feuerwehr gerufen. Ich sagte:

„_____

_____

_____

_____"

Nach kurzer Zeit hörte ich die Sirenen der Feuerwehr.
Sie legten zwei Leitern auf der Eisdecke aus.

_____

_____

_____

_____

_____ .

**Feuerwehrmänner
kriechen zum Eisloch –
Rettung von Kito**

Die Feuerwehrmänner fuhren Kito und mich schnell
zum Tierarzt.

_____

_____

_____

_____ .

**Was passierte bei der
Tierärztin? Überlege
dir einen glücklichen
Ausgang.**

2 Stell dir einmal vor, du bist Niklas und erzählst, was du erlebt hast.
Ergänze die fehlenden Textstellen.
In der rechten Spalte steht, was du erzählen kannst.

3 Überprüfe deine Geschichte zum Schluss mit Hilfe der Checkliste.

CHECKLISTE

☐ Ich habe in der Ich-Form geschrieben.

☐ Ich habe in der Vergangenheit erzählt.

☐ Ich habe Wörter verwendet, die Spannung erzeugen.

☐ Ich habe wörtliche Reden verwendet.

☐ Ich habe meine Sätze nicht immer mit den gleichen Wörtern begonnen.

→ Ein Märchen und seine Inhaltsangabe vergleichen

1 Lies dir zunächst das Märchen auf der linken Seite genau durch.

Die drei Wünsche

nach einem Volksmärchen aus den Pyrenäen

Es waren einmal ein Mann und eine Frau, die waren sehr arm und beklagten sich über ihr trauriges Schicksal. „Mein Gott! Mein Gott", sagten sie. „Es gibt Leute, die sind so glücklich. Wir aber laufen den ganzen Tag im Wald umher und suchen nach Holzkohle." Das hörte ein alter Mann, der durch den Wald ging. „Ich sehe, ihr seid mit eurem Schicksal nicht zufrieden. Da möchte ich etwas für euch tun. Wünscht euch drei Dinge und sie sollen in Erfüllung gehen."

Am Abend saß der Mann mit seiner Frau am Kaminfeuer. „Was würdest du dir wünschen?", fragte er sie. „Ja, wenn ich das nur wüsste", antwortete sie. „Das will gut überlegt sein!" Das Holz knisterte lustig im Kamin. Da rief die Frau: „Eine große Blutwurst auf dieser guten Holzkohlenglut, das wäre wunderbar!" Sie dachte nicht daran, dass sie schon den ersten Wunsch geäußert hatte. Augenblicklich fiel eine große Blutwurst aus dem Kamin mitten in die Glut hinein. Da wurde der Mann zornig und schrie: „Bist du verrückt, Weib? Ist das dein Wunsch? Ich möchte wahrhaftig, dass diese Blutwurst sich an deine Nase hängt." Sofort geschah, was er sagte. Die Blutwurst hängte sich an die Nase der Frau. Beide waren jetzt sehr betrübt. „Jetzt haben wir nur noch einen Wunsch", sagte der Mann. Sie überlegten lange, und die Blutwurst hing immer noch an der Nase der unglücklichen Frau.

Inhaltsangabe

Das Volksmärchen „Die drei Wünsche" handelt von einem Ehepaar, das jeden Tag im Wald nach Holzkohle suchen muss.

Im Wald treffen sie einen alten Mann, der ihnen drei Wünsche erfüllen möchte.

Am Abend überlegen sie, was sie sich wünschen würden.

Die Frau wünscht sich, dass eine Blutwurst auf der Holzkohlenglut liegt. Sie denkt nicht daran, dass das schon ein Wunsch ist. Er wird sofort erfüllt.

Der Mann wird wütend über den Wunsch der Frau. Er wünscht ihr die Blutwurst an die Nase. Auch dieser Wunsch geht in Erfüllung.

Da bekam der Mann Mitleid. „Ich muss dich aus dieser Lage befreien. Ich wünsche, dass diese Blutwurst von deiner Nase verschwindet. Dann bleiben wir eben arm. Reichtum macht nicht glücklich." Der dritte Wunsch wurde nun genauso erfüllt wie die vorigen. Und der Mann und die Frau suchten bis an ihr Lebensende weiter nach Holzkohle im Wald.

Aus Mitleid macht der Mann das Unglück mit dem letzten Wunsch rückgängig.

Beide erkennen, dass Reichtum nicht glücklich macht.

2 Lies nun die Inhaltsangabe in der zweiten Spalte aufmerksam durch.

3 Zähle die Wörter (ohne Überschrift) auf der linken Seite und dann auf der rechten Seite. Trage die Anzahl in die Tabelle ein.

Märchen	Inhaltsangabe

4 Sieh genau nach, was aus dem Märchentext geworden ist. Welche typischen Erzählmerkmale sind in der Inhaltsangabe nicht mehr vorhanden? Kreuze sie an. Es sind vier.

- Wörtliche Rede
- Stichwörter
- Zeitform Präteritum
- kurze Zusammenfassung
- bildhafte Sprache
- ausführliche Beschreibungen

Inhaltsangaben

Inhaltsangaben sind nüchterne **Sachtexte**.
Sie beschreiben in knappen Worten, **worum** es vor allem geht.

Zeitform: Inhaltsangaben **geben wieder**, was in einer Geschichte steht: Sie erzählen es aber nicht nach. Deswegen stehen sie im **Präsens**.

Er- oder Sie- Form: Die erste Person in der Ich-Form (ich, mir, mich) in einer Erzählung wird in einer Inhaltsangabe zur **dritten** Person (er, ihm, ihn, oder sie, ihr).

Wörtliche Reden: In der Inhaltsangabe gibt es **keine wörtlichen Reden**. Wörtliche Reden werden zusammengefasst wiedergegeben.

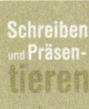

5 Unterstreiche nun die wörtlichen Reden im Märchentext
in der linken Spalte.

6 Sieh dir in den beiden folgenden Beispielen noch einmal genau an, wie
die wörtlichen Reden in der Inhaltsangabe zusammengefasst wurden.

Das Holz knisterte lustig im Kamin. Da rief die
die Frau: „Eine große Blutwurst auf dieser guten
Holzkohlenglut, das wäre wunderbar!"

Die Frau wünscht sich,
dass eine Blutwurst auf der
Holzkohlenglut liegt.

Da wurde der Mann zornig und schrie: „Bist du
verrückt, Weib? Ist das dein Wunsch?"

Der Mann wird wütend über
den Wunsch der Frau.

Zusammenfassung von wörtlichen Reden in Inhaltsangaben

M

Wörtliche Reden werden in Inhaltsangaben verkürzt wiedergegeben.
In einer Geschichte heißt es in wörtlichen Reden so:
Verärgert sagte das Mädchen: „Ich finde das richtig gemein. Du hast mich
bei der Clique verpetzt." Der Junge antwortete: „Tut mir leid. Ja, ich bin schuld.
Ich habe nicht nachgedacht."

In einer **Inhaltsangabe** werden diese wörtlichen Reden so zusammengefasst:
Das Mädchen wirft dem Jungen vor, dass er sie verpetzt hat.
Der Junge gibt seine Schuld zu.

Hier findest du einige Ausdrücke, mit denen man die wörtliche
Rede in einer Inhaltsangabe zusammenfassen kann.

wütend werden über   sich bedanken für   sich wünschen
fragen nach   vorwerfen   bitten um
sich wundern über   zugeben

7 Am Schluss könnte die Frau im Märchen zu ihren Mann sagen:
„Ich danke dir, dass du für mich den letzten Wunsch geopfert hast,
damit ich nicht für immer die Wurst an der Nase tragen muss."

Ergänze den Satz, der als Zusammenfassung der wörtlichen Rede
in der Inhaltsangabe stehen würde.

Die Frau _____, dass ihr Mann für sie den letzten Wunsch

geopfert hat.

→ **Eine Inhaltsangabe zu einem Märchen schreiben I**

1 Lies dir das Märchen in Ruhe durch.

Der alte Großvater und der Enkel

Es war einmal ein ganz alter Mann, der lebte bei seinem Sohn und dessen jungen Frau. Er konnte schon fast nichts mehr sehen, auch seine Ohren waren taub und die Knie zitterten ihm. Wenn er nun beim Essen am Tisch saß, konnte er den Löffel kaum halten und kleckerte auf das Tischtuch. Manchmal floss ihm auch etwas Suppe aus dem Mund. Sein Sohn und seine Frau ekelten sich davor, und deswegen musste sich der alte Großvater hinter den Ofen setzen. Sie gaben ihm sein Essen in einem Schüsselchen aus Ton und auch nur wenig, damit er nicht so viel verschütten konnte. Der Großvater schaute immer traurig zum Esstisch hinüber und seine Augen wurden feucht. Einmal konnten seine zittrigen Hände das Schüsselchen nicht richtig festhalten und es fiel zur Erde und zerbrach. Die junge Frau schimpfte: „Was hast du da schon wieder für ein Unheil angerichtet?" Der alte Mann aber sagte nichts, er seufzte nur. Da kaufte ihm die Frau für wenig Geld ein hölzernes Schüsselchen, woraus er nun essen musste. Als sie wieder am Tisch saßen, sammelte der kleine Enkelsohn Holzstücke auf der Erde zusammen. „Was tust du da?", fragte ihn der Vater. „Ich mache ein Schüsselchen, daraus sollt ihr dann essen, wenn ich groß bin", antwortete das Kind. Da sahen sich die Eltern eine ganze Weile an und Tränen stiegen ihnen in die Augen. Sie holten sofort den alten Großvater wieder an den Tisch und ließen ihn von nun an immer mitessen. Sie sagten auch nichts, wenn er etwas verschüttete.

(nach den Brüdern Grimm)

2 Was hat dir an diesem Märchen gut gefallen?

_____

_____

_____

3 Warum steigen den Eltern die Tränen in die Augen, als sie hören, was ihr Kind sagt? Kreuze die Aussage an, die du am treffendsten findest.

Den Eltern wird klar, dass sie auch einmal alt und schwach werden.
Die Eltern wären sehr traurig, wenn ihr Kind sie auch so behandeln würde.
Die Eltern merken, dass sie den Großvater schlecht behandeln.

4 Schreibe nun eine Inhaltsangabe zu dem Märchen.
Lies dazu zunächst die Stichwörter.

- ganz alter Mann
- kleckert beim Essen
- muss hinter dem Ofen essen
- Frau wird wütend
- kleiner Enkel will Holzschüssel basteln
- Eltern müssen weinen

→ kann nicht mehr richtig essen
→ Sohn und seine Frau ekeln sich
→ Essschüssel geht ihm kaputt
→ kauft Holzschüssel
→ Eltern sollen im Alter daraus essen
→ holen Großvater zurück an den Tisch

<u>Das Märchen „Der alte Großvater und der Enkel" von den Brüdern Grimm</u>

<u>handelt von einem</u> _____

_____

_____

_____

_____

_____

_____

_____

_____

_____

_____

_____

_____

_____

_____

5 Überprüfe deine Inhaltsangabe mit Hilfe der Checkliste und hake ab.

CHECKLISTE

☐ Ich habe im Präsens geschrieben.
☐ Ich habe den Inhalt kurz zusammengefasst.
☐ Ich habe die Stichwörter in einer sinnvollen Reihenfolge verwendet.
☐ Ich habe keine wörtliche Rede benutzt.

→ **Eine Inhaltsangabe zu einem Märchen schreiben II**

1 Lies dir zuerst das Märchen auf der linken Seite in Ruhe durch.

Die Sterntaler

Es war einmal ein kleines Mädchen, dem waren Vater und Mutter gestorben. Es war so arm, dass es kein Zimmerchen mehr hatte, in dem es wohnen konnte, und kein Bettchen mehr, in dem es schlafen konnte. Es besaß nur noch die Kleider, die es anhatte, und ein Stückchen Brot. Aber das Mädchen war fromm und vertraute auf den lieben Gott. Und weil es so allein war, ging es hinaus in die Felder. Da begegnete ihm ein armer Mann, der sprach: „Ach, gib mir etwas zu essen, ich bin so hungrig." Das Mädchen gab ihm ihr ganzes Stückchen Brot und ging weiter. Da kam ein Kind, das jammerte und sprach: „Es friert mich so an meinem Kopfe, schenk mir etwas, womit ich ihn wärmen kann." Da nahm das Mädchen seine Mütze ab und gab sie dem Kind. Und als es noch eine Weile gegangen war, kam wieder ein Kind, das hatte keine Weste an und fror: Da gab es dem Kind seine Weste. Dann kam noch ein weiteres Kind, das bat um ein Röcklein, so verschenkte das Mädchen auch sein Röcklein. Endlich gelangte es in einen Wald. Es war schon dunkel geworden, da kam noch ein Kind daher und bat um ein Hemdlein. Das fromme Mädchen dachte: „Es ist dunkle Nacht, da sieht mich niemand, ich kann wohl mein Hemd weggeben." Und so zog es das Hemd aus und gab es auch noch weg.
Und wie es so stand und gar nichts mehr hatte, fielen auf einmal die Sterne vom Himmel, und waren lauter harte blanke Taler. Und es hatte auch wieder ein neues Hemdchen an, das war aus allerfeinstem Leinen. Da sammelte es die Taler hinein und war reich für sein ganzes Leben.

(nach den Brüdern Grimm)

Stichwörter

armes Waisenmädchen

hat nur seine Kleidung
und ein Stück Brot
vertraut auf Gott
geht hinaus in die Felder
hungriger Mann fragt nach Essen

Mädchen gibt ganzes Stück Brot

begegnet frierenden Kindern
Kinder bitten um Kleidung

verschenkt ein Kleidungsstück
nach dem anderen

verschenkt auch sein letztes
Hemd

hat selbst gar nichts mehr
anzuziehn

Sterne fallen
als Taler vom Himmel
neues Hemdchen

Mädchen sammelt die Taler und
ist für immer reich

2 Was hat dir an dem Märchen besonders gut gefallen?

_____

_____

3 Mit welchen Adjektiven würdest du das Mädchen
in dem Märchen beschreiben? Schreibe fünf auf,
die du besonders passend findest.

warmherzig
gütig
wohltätig
sozial
opferbereit
lieb
mitfühlend
selbstlos

_____

_____

_____

4 Am rechten Rand des Märchens findest du Stichwörter für eine Inhaltsangabe.
Lies dir diese Stichwörter aufmerksam durch.

5 Schreibe nun mit Hilfe der Stichwörter die Inhaltsangabe.
Schreibe im Präsens.

In dem Märchen „Die Sterntaler" von den Brüdern Grimm geht es um ein

_____

_____

_____

_____

_____

_____

_____

_____

_____

_____

_____

_____

6 Überprüfe deine Inhaltsangabe mit Hilfe mit der Checkliste.

CHECKLISTE

- Ich habe im Präsens geschrieben.
- Ich habe den Inhalt kurz zusammengefasst.
- Ich habe die Stichwörter in einer sinnvollen Reihenfolge verwendet.
- Ich habe keine wörtliche Rede benutzt.

→ Gesprächsbeiträge im Protokoll verkürzt wiedergeben

In ihrer Klassenlehrerstunde spricht die Klasse 7d über den Tagesordnungspunkt (TOP) „Schulhofgestaltung", denn die Schülervertretung (SV) will den Schulhof schöner gestalten. Die SV hat
alle Klassen gebeten, über diesen TOP in der Klasse zu sprechen.

1 Lies dir erst einmal durch, was Christina dazu gesagt hat.

Das hat Christina gesagt:

> Also ehrlich, Leute. Unser Schulhof …
> das ist doch wirklich das Allerletzte. Wirklich!
> In den Pausen oder in der Mittagsfreizeit – ja, was willst du denn da
> machen, frag ich euch? Drei Bänke stehen da nur – für 600 Schüler! Da kannst
> du dich nicht mal in die Sonne setzen und quatschen. Es gibt viel zu
> wenige Sitzgelegenheiten auf unserem Schulhof!
> Das ist jedenfalls meine Meinung!

Das steht als Zusammenfassung im Protokoll:

Christina kritisiert die fehlenden Sitzgelegenheiten auf dem Schulhof.

2 Lies nun, was Niklas und Mareike gesagt haben.

Das hat Niklas gesagt:

> Ich finde unseren Schulhof auch nicht toll.
> Der ist langweilig! Hier gibt's nichts, was man machen kann –
> nichts Sportliches, meine ich. Was hier fehlt, sind Klettergerüste. Einen Fußball-Käfig
> fänd ich auch toll. Das sollten wir der SV mal vorschlagen!

3 In Niklas Äußerung ist markiert, was für das Protokoll wichtig ist.
Ergänze den Satz, der im Protokoll stehen soll.

Was steht im Protokoll?

Niklas schlägt vor, _____ und einen

_____ anzuschaffen.

Das hat Mareike gesagt:

> Habt ihr euch eigentlich mal Gedanken gemacht,
> was das alles kostet? Ich finde ja einen Fußball-Käfig und
> Klettergeräte auch klasse! Aber ist denn dafür überhaupt Geld da? Ich denke,
> die Stadt hat kein Geld. Bevor wir hier Wahnsinnsvorschläge machen,
> muss die Schülervertretung doch zuerst klären, ob überhaupt
> Geld für die Schulhofgestaltung da ist.

46

4 Markiere in Mareikes Äußerungen, was für das Protokoll wichtig ist.
Ergänze dann den Satz, der im Protokoll stehen soll.

Mareike gibt zu bedenken, dass die _____

_____ erst klären muss, ob überhaupt _____ da ist.

5 Kai sieht am Ende der Stunde das Zeitproblem.
Lies dir durch, was er gesagt hat.
Das hat Kai gesagt:

> Das sind doch schon gute Vorschläge. Ich finde, wir haben jetzt genug über diesen Tagesordnungspunkt geredet. Es klingelt bald und wir müssen auch noch über zwei andere Punkte sprechen. Also, ich beantrage, jetzt abzustimmen, welche Vorschläge unsere Klasse für die Schulhofgestaltung machen will. Unsere Klassensprecher können das dann an die SV weitergeben. Ist das okay?

Was steht im Protokoll?
Wähle die richtige Zusammenfassung von Kais Gesprächsbeitrag aus.
Trage sie als Satz für das Protokoll ein.

- Kai möchte, dass die Klassensprecher weiter über den Punkt diskutieren sollen.
- Kai fordert, dass die SV sammeln soll, was die Klassen beschlossen haben.
- Kai schlägt vor, dass die Klasse darüber abstimmt, welche Vorschläge sie an die SV weitergeben will.
- Kai erklärt sich bereit, die Wünsche aus der Klasse an die SV weiterzugeben.

_____

_____

M

Gesprächsbeiträge protokollieren

Von Gesprächen werden häufig Protokolle geschrieben, damit man sich gut an die Gesprächsbeiträge erinnern kann. Solche Protokolle gibt es zum Beispiel von einer Klassenlehrerstunde. Was ein Sprecher in mehreren Sätzen wörtlich gesagt hat, fasst man in einem Protokoll verkürzt zusammen. Es gibt verschiedene Möglichkeiten, die Sätze mit der zusammengefassten Rede einzuleiten.

Christina kritisiert die fehlenden Sitzgelegenheiten auf dem Schulhof.
Niklas empfiehlt, …
Mareike gibt zu bedenken, dass …
Kai schlägt vor, …

→ **Ein Verlaufsprotokoll ergänzen**

M

Verlaufsprotokoll

Ein Verlaufsprotokoll besteht aus folgenden Teilen:

- **Protokollkopf:** Datum, Ort, Zeit, Teilnehmer, Protokollant / Protokollantin
- **Gesprächsthema** oder **Tagesordnungspunkte**
- **Sachliche Zusammenfassung** des Verlaufs, der wörtlichen Rede und der Beschlüsse
- **Zeitform: Das Protokoll wird im Präsens geschrieben.**
- **Ort und Datum / Unterschrift des Protokollanten**

Die Klasse 7a hat in ihrer Klassenlehrerstunde über die Tagesordnungspunkte „Schülertoiletten" und „Klassenbücherei" diskutiert. Marvin ist mit seinem Protokoll noch nicht ganz fertig geworden.

1 Lies dir seinen Entwurf erst einmal genau durch.
- Was hat er schon alles aufgeschrieben?
- Wo kannst du ihm helfen, das Protokoll zu Ende zu führen? Die Arbeitshinweise am rechten Rand sagen dir, was noch zu tun ist.

Europaschule Langerwehe   Klasse 7a

Verlaufsprotokoll

der Klassenlehrerstunde vom 14.05.2013

Raum: Klassenraum 7a   Zeit: 3. Stunde

abwesend: Angelina, Jens

Protokollant: _____

Am 14.05.2013 diskutiert die Klasse 7a
die folgenden Tagesordnungspunkte:

Hinweise zur Bearbeitung

Protokollant eintragen:
Marvin Mertens

TOP 1: Schülertoiletten

Viele Schülerinnen und Schüler beschweren sich darüber, dass die Zustände auf den Schülertoiletten fürchterlich sind. Manche Schüler gehen in der Schule überhaupt nicht mehr auf die Toiletten, weil sie ihnen zu schmutzig sind.
Das ist mir auch schon aufgefallen, und ich finde, da muss unbedingt etwas passieren.

> **Die Meinung des Protokollanten gehört nicht in ein Protokoll. Streiche sie durch!**

Die Klasse beschwert sich über folgende Zustände:
- mutwillig verschmutzte Toiletten,
- Sachbeschädigungen, z. B. kaputte Türen und Toilettensitze,
- oft kein Toilettenpapier und keine Papierhandtücher.

Kai meint dazu: „Ich schlage vor, die Toiletten einfach abzuschließen. Wenn einer zur Toilette will, dann muss er sich eben den Schlüssel im Sekretariat holen. Dann gibt es bestimmt weniger Schmutz und Zerstörungen. Da bin ich sicher."

> **Keine wörtliche Rede im Protokoll! Streiche sie mit Bleistift durch!**

Kai schlägt vor, die Toiletten

_____

und den Schlüssel im Sekretariat zu

_____ .

> **Ergänze dann die Zusammenfassung!**

Raja und Sejla berichten, dass es an einer Nachbarschule eine Toilettenfrau gibt. Seitdem gibt es dort weniger Schmutz und Zerstörungen. Die Mehrheit der 7a wäre bereit, 20 Cent für die Toilettenbenutzung zu bezahlen, um auch hier eine Toilettenfrau einzustellen. Ich glaube aber nicht, dass da 20 Cent ausreichen werden. Über diesen Tagesordnungspunkt soll in der nächsten Klassenlehrerstunde noch einmal gesprochen werden.

> **Ein Satz mit einer persönlichen Meinung muss hier weggelassen werden. Streiche ihn durch!**

TOP 2: Klassenbücherei

Nils und Mareike möchten die Klassenbücherei nicht mehr weiter betreuen. Lars und Lisa erklären sich bereit, dieses Amt zu übernehmen.

Der Vorschlag wird mit

_____

und _____

angenommen.

TOP 3: Verschiedenes

Jana und Till (kritisierten),

_____

dass der Französisch-Kurs den Klassenraum immer sehr unordentlich (hinterlassen hatte)

_____ .

Der Klassenlehrer (wollte) _____

deswegen mit der Französischlehrerin reden.

Langerwehe, den _____

_____

Hinweise zur Bearbeitung

Hier muss das Abstimmungsergebnis noch ergänzt werden.

Abstimmung:
27 Ja-Stimmen
3 Enthaltungen

Falsche Zeitform! Streiche die falschen Zeitformen durch schreibe sie im Präsens in die Lücken.

Datum ergänzen

Protokollant: Marvin Mertens

→ Gesprächsbeiträge mit Verben zusammenfassen

Hier findest du einige Verben, mit denen man Gesprächsbeiträge
in einem Protokoll zusammenfassen kann.

meinen	mitteilen	berichten	vorschlagen
erklären	kritisieren	zustimmen	bestätigen
fordern	ablehnen	empfehlen	beschließen

1 Ordne die Verben nach dem Alphabet.

_____

_____

_____

_____

2 Lies dir den folgenden Text zunächst einmal aufmerksam durch.
Verschaffe dir einen Überblick.

Die Schülerinnen und Schüler der Klasse 7a **glauben / kritisieren**,
dass die Toiletten stark verschmutzt sind. Sie **schlagen vor / befehlen**,
dass der Schlüssel für die Toiletten im Sekretariat abgeholt werden muss.
Zwei Mitschülerinnen **meinen / lehnen ab**, dass man eine Toilettenfrau
einstellen könnte. Darum **berichten / beschließen** alle einstimmig, das
Thema in der nächsten Klassenlehrerstunde noch einmal zu besprechen.
Dann will die Klasse ihre Empfehlung, die Toiletten abzuschließen, der
Schulleitung **mitteilen / vorschreiben**. Alle hoffen, dass die anderen
Klassen ihren Vorschlag nicht **nachmachen / ablehnen**.

3 Lies den Text nun noch einmal.
Wähle von den beiden **fett gedruckten** Wörtern in jedem Satz
das Wort aus, das deiner Meinung nach inhaltlich am besten passt.
Streiche das andere Wort durch.

→ Ein Experiment durchführen und beschreiben

1 Sieh dir die Bilder zum Experiment „**Loch in der Hand**" aufmerksam an.

Für das Experiment „Loch in der Hand" wird ein

Blatt Papier benötigt.

① \
\
\
\
\

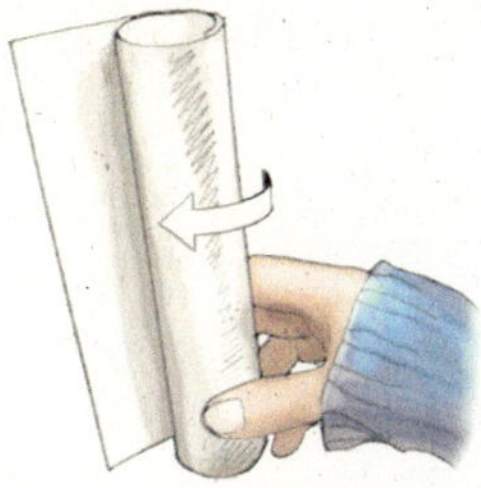

② \
\
\
\
\

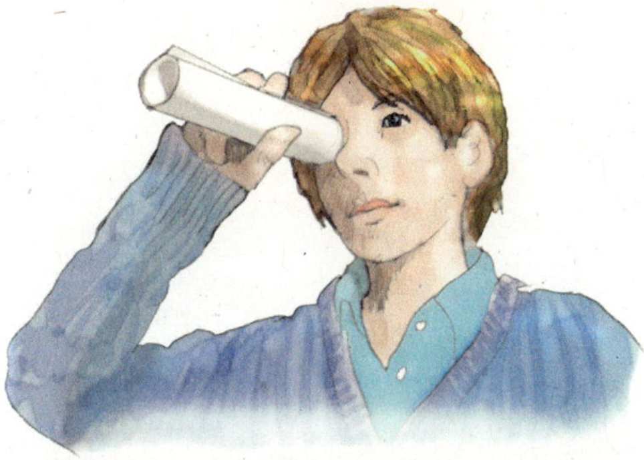

③ \
\
\
\
\

④ \
\
\

⑤

⑥

⑦

2 Lies dir jetzt die folgenden Sätze durch.

- Es wird zu einer **Rolle mit einem Durchmesser von etwa 3 cm** gerollt.
- Nun führt man das **Papierrohr mit der rechten Hand zum rechten Auge** und **blickt hindurch. Das linke Auge bleibt ebenfalls offen**.
- Jetzt blickt man **mit dem einen Auge durch das Rohr** und **mit dem anderen Auge in die Umgebung**.
- Dann legt man die **offene linke Hand mit dem Daumen dicht ans Ende der Rolle**.
- Nach wenigen Sekunden **sieht man**, wie scheinbar **ein Loch durch die linke Hand hindurchführt**.
- Unser **Gehirn** kann beide Teile **der Bilder nicht zusammenfügen**. Das nennt man eine **optische Täuschung**.

3 Ordne die Sätze aus Aufgabe 2 den Abbildungen 2 bis 7 richtig zu. Schreibe die Sätze auf die freien Linien neben den Bildern auf.

 Tipp:
Die markierten Wörter in den Sätzen geben dir Hinweise.

4 Probiere das Experiment „Loch in der Hand" einmal selbst aus. Dabei musst du beide Augen geöffnet haben. Falls es nicht gleich beim ersten Mal funktioniert, versuche es erneut.

→ Einen Text über einen Versuch schreiben

1 Lies dir die Versuchsbeschreibung in Ruhe durch.
Sieh dir auch die Bilder dazu an.

Das träge Buch

Dinge, die benötigt werden:
ein Buch, ein DIN-A4-Blatt und ein Tisch

Dann das Blatt Papier so auf den Tisch
legen, dass die schmale Seite etwa 3 cm
über die Tischkante hinausragt.

Jetzt das Buch auf das Blatt legen.

Nun mit einem kräftigen Ruck das Papier
waagerecht unter dem Buch hervorziehen.

Das Buch bleibt auf dem Tisch liegen.
Warum?
Für das Buch gilt der Trägheitssatz[1]
aus der Physik.

2 Führe den Versuch „Das träge Buch" einmal selbst durch.

---

[1] Trägheitssatz: In der Physik versteht man darunter das Verbleiben eines Körpers in seinem Bewegungszustand.
Wenn zum Beispiel ein Auto schneller wird, wird unser Körper in den Sitz gedrückt. Bremst das Auto,
bewegt sich unser Körper weiterhin nach vorne, weil er in seinem Bewegungszustand verharren will.

3 Jetzt schreibst du das Experiment so auf, dass andere es nachmachen können. Schreibe einen zusammenhängenden Text in der man-Form.

M

Versuche beschreiben und erklären

Texte über Versuche sind beschreibend und erklärend. In der **Beschreibung** eines Versuches ist alles genau beschrieben, damit man den **Versuch nachmachen** kann. In der **Erklärung** des Versuches ist alles genau beschrieben, damit man den **Versuch verstehen** kann. Eine Versuchsbeschreibung schreibt man im **Präsens**. Man schreibt **sachlich** und **genau**. Die richtige, **zeitliche Reihenfolge** des Versuchsablaufs muss man einhalten.

Eine Versuchsbeschreibung ist in diese Textabschnitte gegliedert:
1. Welches Material wird benötigt?
2. Wie führt man das Experiment durch?
3. Was kann man beobachten?
4. Welche Erklärung gibt es für die Beobachtung?

Das träge Buch

Für das Experiment braucht man ein Buch, ein Blatt Papier und einen Tisch.

Das Blatt Papier legt man so auf den Tisch, dass

_____

_____

_____

_____

_____

_____

4 Hast du alles beachtet?
Nutze die Checkliste und setze ein Häkchen.

CHECKLISTE

☐ Ich habe den Versuch so beschrieben, dass andere ihn nachmachen können.

☐ Ich habe im Präsens geschrieben.

☐ Ich habe aufgeschrieben, was man für den Versuch braucht.

☐ Ich habe die richtige Reihenfolge des Versuchs eingehalten.

☐ Ich habe aufgeschrieben, was ich bei dem Versuch beobachten konnte.

☐ Ich habe versucht, das Versuchsergebnis zu erklären.

☐ Ich habe den Text in der man-Form geschrieben.

→ Eine Versuchsbeschreibung ergänzen

1 Hier siehst du Bilder über das sogenannte „Servietten-Experiment".
Sieh sie dir aufmerksam an.
Mach dir klar, wie das Experiment durchgeführt wird.

2 Lies nun den Text zum „Servietten-Experiment" in der mittleren Spalte.

Das Servietten-Experiment

Für das Experiment braucht man einen

Eimer, ein Glas, eine _____

_____ und Wasser.

**Stroh,
Papierserviette,
Büroklammern**

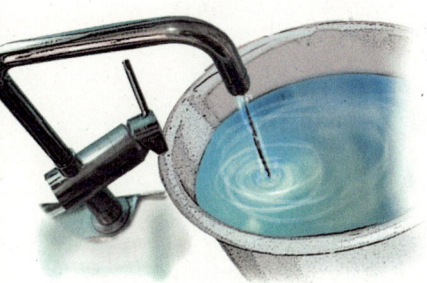

Zuerst füllt man den Eimer mit

_____.

**Kakao,
Ketchup,
Wasser**

Dann _____

man die Papierserviette und stopft sie

fest in das **leere** Glas, sodass sie nicht

_____.

**bügelt,
zerknüllt,
stopft**

**lacht,
herausfällt,
Fußball spielt**

Nun taucht man das Glas mit der Öffnung

gerade nach unten bis auf den _____

_____. Genauso gerade zieht

man das Glas aus dem _____

wieder heraus.

**Teppich,
Rasen,
Eimerboden**

**Quark,
Wasser,
Brausebad**

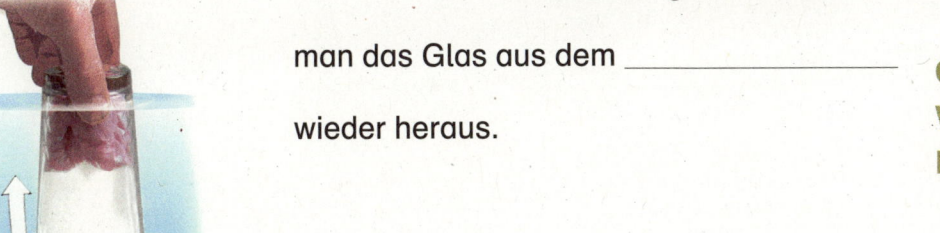

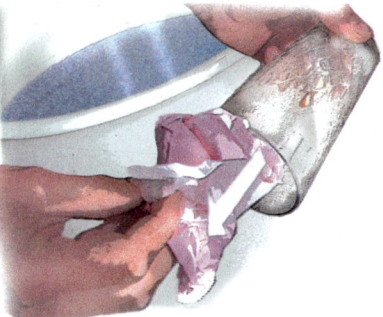

Nun entfernt man die Serviette aus dem Glas.

Dabei stellt man fest, dass sie

_____ ist.

**nass,
trocken,
warm**

Wie lässt sich diese Beobachtung erklären?

Das Glas mit der Serviette war mit

_____ gefüllt. Als das Glas

senkrecht auf die Wasseroberfläche aufge-

setzt wurde, wurde die Luft im Glas einge-

schlossen. Sie konnte nun nicht mehr aus dem

Glas entweichen. Und deshalb konnte kein

Wasser in das Glas gelangen. Die Serviette

blieb also _____.

**Bonbons,
Luft,
Reis**

**nass,
trocken,
warm**

3 Ergänze nun den Lückentext. Beginne auf Seite 55.
   Setze jeweils das richtige Wort aus der rechten Spalte ein.

4 Führe das „Servietten-Experiment" möglichst einmal selbst durch.

5 Führe das „Servietten-Experiment" nun ein weiteres Mal durch.
   Halte bei diesem Versuch aber das Glas **schräg**.
   • Welche Beobachtung kannst du machen?
   • Was passiert mit der Serviette?

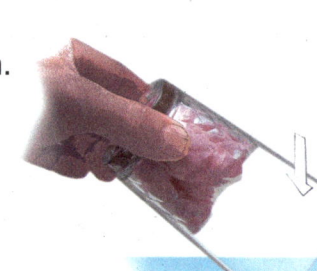

6 Notiere deine Beobachtungen zum Experiment aus **Aufgabe 5** hier.

_____

_____

_____

_____

→ Stellung nehmen – einen Leserbrief schreiben

1 Die Schüler der Klasse 7a diskutieren über das Thema **Schulkleidung**.
Zwei Schüler haben dazu Leserbriefe geschrieben. Lies sie aufmerksam.

Schulkleidung für alle!

In vielen Ländern gibt es die Tradition, eine einheitliche Schulkleidung zu tragen. Ich bin auch dafür, weil dann keiner mehr wegen seiner Kleidung ausgeschlossen wird. Wenn alle das Gleiche tragen, ist es egal, ob man sich Markenklamotten leisten kann oder nicht. Wir sollten bald damit anfangen, Schulkleidung zu tragen.

Anna

Freiheit bei der Kleiderwahl!

In unserer Klasse haben wir in letzter Zeit viel über das Thema Schulkleidung diskutiert. Ich bin gegen eine Einheitskleidung, denn ich möchte selbst bestimmen, was ich anziehe. Ich möchte mich so anziehen, wie es mir gefällt. Diese Freiheit sollten wir uns auf jeden Fall bewahren.

Johannes

2 Lies die Informationen im folgenden Merkkasten.

Leserbriefe

Leserbriefe erscheinen in Zeitungen oder im Internet.
Man schreibt Leserbriefe, um zu einem aktuellen Thema seine persönliche Meinung zu sagen und auf das Thema aufmerksam zu machen.

M

3 Lies die beiden Leserbriefe jetzt noch einmal genau.
Welcher Meinung ist Anna? Wie begründet sie ihre Ansicht?

_____

_____

_____

4 Welcher Meinung ist Johannes? Welchen Grund nennt er?

_____

_____

_____

5 Welcher Meinung bist du? Schreibe einen eigenen Leserbrief
zum Thema **Schulkleidung**. Wähle eine passende Überschrift.
Du kannst die folgenden Überschriften als Hilfe benutzen.

Überschriften für Schulkleidung
- Schulkleidung für alle
- Nie wieder Markenterror
- Gemeinschaft statt Gruppenzwang

Überschriften gegen Schulkleidung
- Freiheit bei der Kleiderwahl
- Recht auf eigenen Kleidungsstil
- Meine Kleidung bestimme ich

_____

6 Als nächstes schreibst du deine Meinung auf.
Die Sätze am rechten Rand können dir dabei helfen.
Die unterstrichenen Satzanfänge sind besonders wichtig.

_____

_____

_____

Ich bin der Meinung, dass man Schulkleidung tragen sollte.

_____

_____

Ich denke, dass Schulkleidung sinnvoll ist.

_____

_____

Meiner Meinung nach sollte man auf Schulkleidung verzichten.

_____

_____

Aus meiner Sicht ist Schulkleidung überflüssig.

_____

7 Im nächsten Schritt sammelst du Begründungen, die deine Meinung unterstützen. Man nennt diese Gründe auch „Argumente".
Folgende Argumente in Form von Stichwörtern können dir helfen.
Wähle drei Argumente aus, die dir am wichtigsten sind, und kreuze sie an.

Argumente für Schulkleidung:

- Markenklamotten unwichtig, weniger Mobbing
- Gemeinschaftsgefühl in der Schule gestärkt
- Konzentration auf den Unterricht und nicht auf Kleidung
- schicke Schulkleidung, gutes Aussehen für alle
- Schulkleidung mit eigener Kleidung kombinieren

Argumente gegen Schulkleidung:

- kein eigener Stil mehr, alle sehen gleich aus
- Mobbing trotz Schulkleidung
- Wunsch nach freier Entscheidung, als Schüler schon genug Zwänge
- langweilige Schulkleidung
- Schulkleidung oft teuer

8 Je nachdem, wie du dich entschieden hast, kannst du deine Argumente jetzt ausformulieren. Bilde aus den Stichwörtern ganze Sätze und schreibe die Argumente auf.
Du kannst auch aus dem folgenden Kasten auswählen.

_____

_____

_____

_____

_____

_____

_____

_____

_____

_____

Argumente für Schulkleidung:

Ich finde es gut, wenn Schulkleidung getragen wird, weil Markenklamotten dann unwichtig werden. Es gibt außerdem weniger Mobbing.

Ich bin dafür, dass Schulkleidung getragen wird, weil dadurch das Gemeinschaftsgefühl in der Schule gestärkt wird.

Ganz besonders wichtig ist für mich, dass man sich im Unterricht nicht mehr auf seine Kleidung konzentrieren muss.

_____

_____

_____

_____

_____

_____

_____

_____

_____

_____

Argumente gegen Schulkleidung:

Ich finde Schulkleidung nicht gut. Dann sehen alle gleich aus, und man hat keinen eigenen Stil mehr.

Ich bin dagegen, dass Schulkleidung getragen wird, weil es trotz Einheitskleidung Mobbing geben wird.

Ganz besonders wichtig ist für mich, dass man als Schüler schon genug Zwänge hat. Ich möchte wenigstens frei entscheiden, was ich anziehe.

Mögliche Satzanfänge

Man darf nicht vergessen, dass …
Außerdem muss man beachten, dass …
Mir ist es wichtig zu sagen, dass …
Hinzu kommt, dass …

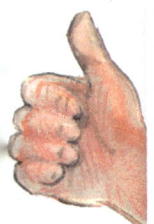

9 Verknüpfe jetzt ein oder zwei deiner Argumente mit einem passenden Beispiel. Dadurch können andere deine Argumente besser nachvollziehen. Hier findest du zwei Möglichkeiten:

Für Schulkleidung:

Ich bin dafür, dass Schulkleidung getragen wird, weil dadurch das Gemeinschaftsgefühl in der Schule gestärkt wird.
Dazu möchte ich gern ein Beispiel aus dem Sport nennen. Sportmannschaften zeigen durch das gleiche Trikot ihre Zusammengehörigkeit. Alle gehören zu ein und demselben Team. Das kann jeder gut sehen. Auf diese Weise entsteht ein größeres Gemeinschaftsgefühl.

Gegen Schulkleidung:

Ich bin dagegen, dass Schulkleidung getragen wird. Dann sehen alle gleich aus, und man hat keinen eigenen Stil mehr.
Ich kann mir zum Beispiel nicht vorstellen, dass man sich in Schulkleidung genauso wohlfühlt wie in eigener Kleidung. Man kann nicht mehr experimentieren oder etwas Neues ausprobieren. Auch die Stimmung, in der man gerade ist, kann man nicht mehr zum Ausdruck bringen.

_____

_____

_____

_____

_____

_____

_____

Möglche Satzanfänge:

Ich möchte gern ein Beispiel aus dem Bereich … nennen.

Ein Beispiel ist …

Zum Beispiel …

Ich kann mir zum Beispiel nicht/ gut vorstellen, dass …

Es ist wie bei …

Bei uns in der Klasse würde jeder/ niemand …

Daran sieht man deutlich, dass …

10 Nun fehlt noch der Schluss. Hier kannst du deine Meinung noch einmal bekräftigen. Wähle einen passenden Schlusssatz aus den unteren Beispielen aus. Vielleicht stellst du auch noch eine Frage an den Leser?

_____

_____

_____

_____

_____

_____

_____

_____

_____

Hilfen:

Ich bin der Meinung, dass es an unserer Schule (keine) Schulkleidung geben sollte.

An unserer Schule sollte es (keine) Schulkleidung geben.

Meine Meinung steht fest.

Ich bin ganz klar für/gegen …

Für mich ist klar, dass …

Aus meiner Sicht sollte man auf jeden Fall …

mögliche Fragen an den Leser:

Worauf wollen wir noch warten?

Wozu sollen wir es ausprobieren?

→ **Einem Jugendbuch begegnen: „Die Konferenz der Tiere"**

1 Der folgende Text führt dich in das Buch „Die Konferenz der Tiere"
von Erich Kästner ein. Lies dir den Text zunächst einmal in Ruhe durch.

Die Konferenz der Tiere von Erich Kästner (Auszüge)

Es müsste etwas geschehen

Eines schönen Tages wurde es den Tieren zu dumm. Der Löwe Alois,
der sich mit Oskar, dem Elefanten, und dem Giraffenmännchen
Leopold wie immer freitags zum Abendshoppen am Tsadsee in Nord-
afrika traf, sagte, seine Künstlermähne schüttelnd: „O diese Menschen!
5 Wenn ich nicht so blond wäre, könnte ich mich auf der Stelle schwarz
ärgern!"
Oskar, der Elefant, drehte sich unter dem eignen hoch erhobenen
Rüssel, woraus er, wie unter einer lauen Badezimmerdusche, den
staubigen Rücken besprengte, räkelte sich faul und brummte etwas im
10 tiefsten Bass vor sich hin, was die beiden anderen nicht verstanden.

Die Giraffe Leopold stand mit gegrätschten Beinen am Wasser und
trank in kleinen hastigen Schlucken. Dann meinte sie, ach nein, er:
„Schreckliche Leute! Und sie könnten's so hübsch haben! Sie tauchen
wie die Fische, sie laufen wie wir, sie segeln wie die Enten, sie klettern
15 wie die Gämsen und fliegen wie die Adler, und was bringen sie mit
ihrer Tüchtigkeit zustande?"
„Kriege!", knurrte der Löwe Alois. „Kriege bringen sie zustande. Und
Revolutionen. Und Streiks. Und Hungersnöte. Und neue Krankheiten.
Wenn ich nicht so blond wäre, könnte ich mich auf der Stelle …"

20 „Schwarz ärgern", vollendete die Giraffe den Satz. Denn den
kannten die Tiere der Wüste längst auswendig.
„Mir tun bloß die Kinder leid, die sie haben", meinte der Elefant
Oskar und ließ die Ohren hängen. „So nette Kinder! Und immer
müssen sie die Kriege und die Revolutionen und Streiks mitma-
25 chen, und dann sagen die Großen noch: Sie hätten alles nur getan, damit es den Kindern später einmal besser ginge. So eine
Frechheit, was?"
„Ein Vetter meiner Frau", erzählte Alois, „war während des
letzten Weltkriegs an einem großen Zirkus in Deutschland
30 engagiert. Als Balanceakt und Reifenspringer. Hasdrubal, der
Wüstenschreck, ist sein Künstlername. Bei einem schweren
Luftangriff brannte das Zelt ab, und die Tiere rissen sich los …"
„Die armen Kinder", brummte der große Elefant.
„… und die ganze Stadt stand in Flammen, und die Tiere und
35 die Menschen schrien", fuhr der Löwe fort, „und Hasdrubal, dem
Vetter meiner Frau, sengte der glühende Wind die Mähne ab,
und er trägt seitdem ein Toupet." Wütend schlug Alois den Sand
der Sahara mit seinem Schweif. „Diese Dummköpfe!", brüllte
er. „Immer wieder müssen sie Kriege machen, und kaum haben
40 sie alles entzwei gemacht, raufen sie sich die Haare! Wenn ich
nicht so blond wäre …"
„Schon gut", unterbrach ihn die Giraffe. „Aber Schimpfen hilft
nichts. Es müsste etwas geschehen!"
„Jawohl!", trompetete Oskar, der Elefant. „Vor allem wegen der
45 Kinder, die sie haben – aber was?"
Da ihnen nichts einfiel, trotteten sie betrübt heim.

Als Oskar nach Hause kam, wollten die Elefantenkinder nicht
ins Bett, und das Kleinste rief: „Lies uns, bitte, noch was vor!"
Da griff der Vater zur ,Neuen Sahara-Illustrierten' und las mit
50 lauter Stimme: „Vier Jahre nach dem Krieg gibt es in Europa
immer noch viele Tausende von Kindern, die nicht wissen, wo
ihre Eltern sind, und unzählige Eltern, die …"
„Hör auf, Oskar!", sagte da seine Frau. „Das ist nichts für kleine
Elefanten!"
55 Als Leopold heimkam, wollten die kleinen Giraffen noch nicht
schlafen, und das Jüngste rief: „Bitte, Papa, lies uns was vor!"
Da griff der Vater zum ,Täglichen Sahara-Boten' und las: „Vier
Jahre nach dem Kriege hat sich die Zahl der Flüchtlinge in

Westdeutschland auf vierzehn Millionen, vorwiegend Greise
60 und Kinder, erhöht, und ihre Zahl nimmt von Monat zu Monat
zu. Niemand will sie …"

„Hör auf, Leopold!", sagte da seine Frau. „Das ist nichts für kleine Giraffen!"

Als Alois ins Schlafzimmer trat, riefen alle seine Kinder: „Bitte,
65 bitte, lies uns noch was vor!" Da griff der Vater zum ‚Allgemeinen Sahara-Anzeiger', sagte: „Seid schon still!", und las: „Vier
Jahre nach dem Krieg, der die halbe Welt zerstört hat und
dessen Folgen auch heute noch nicht abzusehen sind, kursieren bereits Gerüchte von einem neuen Kriege, der sich heimlich
70 vorbereite und nächstens …"

„Höre sofort auf, Alois!", rief da seine Frau. „Still! Das ist nichts
für kleine Löwen!"

Als die Elefäntchen und alle anderen Tierkinder schliefen,
musste Oskar, der große Elefant, in der Küche, wo seine Frau
75 abwusch, das Geschirr abtrocknen. „Es ist zum Ausderhautfahren", brummte er. „Das bisschen Geschirr!", maulte sie. „Du
wirst täglich fauler!" „Ich meine doch nicht deine Teller und
Tassen", sagte er, „ich denk an die Menschen! An die Flüchtlinge, an die Atombombe, an die Streiks, an den Hunger in China,
80 an den Überfluss in Südamerika, an den Krieg in Vietnam, an
die verlorenen Kinder und Eltern, an die Unruhen in Palästina,
an die Gefängnisse in Spanien, an den schwarzen Markt, an die
Emigranten …" Er sank erschöpft auf einen Küchenstuhl. Seine
Frau spülte gerade die Milchtöpfe der Kinder mit ihrem Rüssel.
85 „Da!", rief er plötzlich. Sie ließ vor Schreck eins der Töpfchen
fallen. „Da!", brüllte er dumpf und schlug mit der Faust auf den
Küchentisch, wo das ‚Sahara-Abendblatt' lag. „Da! Lies! Wieder
eine Konferenz zum Teufel! O diese Menschen! Sie können nur
zerstören! Sooft sie aufbauen wollen, wird's ein Turm zu Babel!
90 Mir tun bloß die Kinder leid!"

(…)

Nach einer Nacht voller merkwürdiger Träume rannte der Elefant, noch verschlafen und in Pantoffeln, in aller Herrgottsfrühe
zum Telefon und meldete sechs Ferngespräche an: eines mit
95 seinem kleinen Neffen, dem Tapir Theodor, in Südamerika;
eins mit dem Känguru Gustav in Australien; eines mit dem alten
Eisbären Paul am Nordpol; eins mit der Eule Ulrich in Mittel-

europa; das fünfte mit der Maus Max in Asien und das sechste
mit Reinhold, dem Stier, in Nordamerika. Da hatten die Störche
100 und Flamingos, die im ägyptischen Hauptpostamt als Telefon-
fräuleins angestellt waren, mächtig zu tun. Erst gab es ein paar
Fehlverbindungen, aber schließlich klappte es.
„Hört bitte genau zu!", rief Oskar, der Elefant. „Mit den Menschen geht das so nicht weiter! Versteht ihr mich?" „Ja, Oskar!",
105 antworteten die sechs, so laut sie konnten. „Ich habe eine Idee
gehabt!", brüllte der Elefant. „Es ist ihrer Kinder wegen, bloß
deshalb! Eine ausgezeichnete Idee! Das heißt, mir und meiner
Frau gefällt sie sehr gut … Sie ist bestimmt nicht übel … Nein,
schlecht ist sie nicht … Es gibt dümmere Einfälle … Warum
110 sagt ihr denn gar nichts!" „Wir warten auf deine Idee!", rief der
Stier Reinhold in Nordamerika. „Ach so!", sagte der Elefant,
und alle sieben mussten lachen. „Nun, verrate sie uns schon!",
kicherte die Maus Max in Asien. „Also, hört zu!", rief der Elefant.
„Die Menschen machen in einem fort Konferenzen, ohne etwas
115 zu erreichen, und so ist meine Idee, dass wir auch – eine Konferenz abhalten!"

Nach diesen Worten blieb es in den sechs Telefonleitung ziemlich
lange still. Schließlich schnatterten und klapperten die Flamingos
und Störche ungeduldig mit den Schnäbeln und fragten spitz:
120 „Sprechen Sie noch?" „Unterstehen Sie sich, mich zu trennen!",
trompetete der Elefant. Dann brüllte er: „Paul! Theodor! Max!
Reinhold! Ulrich! Gustav! Seid ihr plötzlich taubstumm geworden?" „Das nun nicht gerade", meinte der Eisbär und wiegte
nachdenklich den weißen Kopf, „es ist nur ein bisschen merk-
125 würdig … Erst schimpfst du auf die Konferenzen, und dann …"
„Paul hat ganz Recht", schnarrte die Eule, „erst schimpfst du,
und nun sollen wir selber so ein Ding abhalten!" „Hui!", pfiff Max,

die Maus. „Wir werden uns blamieren, passt auf!" „Den Teufel
werden wir tun!", donnerte Oskar. „Es liegt doch nicht an den
130 Konferenzen, sondern an den Menschen! Habt ihr denn gar
keine Selbstachtung, wie? Das wäre ja gelacht! Hört zu, ihr
Angstmeier: Heute in vier Wochen versammeln sich sämtliche
Abordnungen im Hochhaus der Tiere! Verständigt umgehend
alle Gattungen und Arten! Termin – heute in vier Wochen! Treff-
135 punkt – Hochhaus der Tiere! Da werden wir ja sehen, ob …"
(…)

Der Nachrichtendienst klappte wie am Schnürchen. Die Hun-
de jagten wie der Wirbelwind durch die Städte und Dörfer. Die
Wiesel raschelten durch die Gärten. Die Hirsche und Rehböcke
140 galoppierten durch die Wälder, dass es dürre Zweige regnete.
„Heute in vier Wochen Konferenz im Hochhaus der Tiere!"
Die Zebras donnerten wie ein Gewitter durch die Wüsten. Die
Gazellen und Antilopen schossen wie Pfeile über die Steppen.
Der Vogel Strauß und der Emu griffen aus, dass der Staub wie
145 Wolken von der Erde aufstieg. „Heute in vier Wochen Konferenz
im Hochhaus der Tiere!"
Die Rentiere trabten dampfend über die Tundra. Die Polarhunde
sprangen bellend durch die Mittsommernacht. Die Möwen gell-
ten es den Pinguinen ins Ohr: „Heute in vier Wochen Konferenz
150 im Hochhaus der Tiere!"
Die Affen schwangen sich schreiend in den Urwäldern von
Baum zu Baum. Die schillernden Käfer summten es. Die kleinen
bunten Kolibris zirpten es. „Heute in vier Wochen Konferenz im
Hochhaus der Tiere!"
155 Die Papageien und Kakadus plapperten es wie schnarrende
Automaten, während sie sich in den Lianen wiegten. Die Spechte klopften es wie Morsezeichen gegen die hohlen, dröhnenden
Baumstämme. „Heute in vier Wochen Konferenz im Hochhaus
der Tiere!"
160 Die Frösche hockten aufgeplustert in den Sümpfen und Teichen
und quakten die Nachricht unermüdlich in die Lüfte. „Heute in
vier Wochen Konferenz im Hochhaus der Tiere!"
Die Schwalben saßen, wohin man blickte, auf den Telefondräh-
ten der Überlandpost und meldeten die Neuigkeit in alle Länder
165 der Erde. „Heute in vier Wochen Konferenz im Hochhaus der
Tiere!"

Die Brieftauben schossen zu Tausenden über die Gebirge und Meere, und in den winzigen Kapseln, die sie am Halse trugen, stand deutlich zu lesen: „Heute in vier Wochen Konferenz im
170 Hochhaus der Tiere!"

Die Kängurus hüpften mit Riesensprüngen quer durch das Innere Australiens. Sie hatten, als wären sie Briefträger, die wichtige Post in ihren Beuteln. Und die Post lautete: „Heute in vier Wochen Konferenz im Hochhaus der Tiere!"

175 Und noch in die dämmrige Tiefe der Ozeane drang die Kunde zu den absonderlichen, fremdartigen Wesen, die dort unten hausen. Hier schrieben es die Tintenfische mit Riesenbuchstaben ins Wasser. „Heute in vier Wochen Konferenz im Hochhaus der Tiere!"

180 Ja, sogar die Schnecke Minna kroch aufgeregt aus ihrem Einfamilienhaus heraus und schleppte sich, das Haus auf dem Rücken, vor lauter Atembeschwerden prustend und schnaufend, durch die Weinberge. Manchmal hielt sie inne, schnappte gierig nach Luft und rief heiser: „Heute in vier Wochen Konfe-
185 renz im Hochhaus der Tiere!"

„Was erzählst du da?", fragte der Regenwurm Fridolin, neben dem Minna zufällig verschnaufte. „Das ist ja hochinteressant!", erklärte er ganz aufgeregt und begann sich auch schon in der Erde einzubuddeln. „Wo willst du denn so eilig hin?", fragte die
190 Schnecke. Fridolins Kopf war nur noch halb zu sehen. „Dumme Frage!", brabbelte er. „Die Tiere auf der anderen Seite der Erde müssen es ja schließlich auch erfahren! Heute in vier Wochen Konferenz im Hoch…" Und schon war er verschwunden.

Ehe man sich's versah, wussten alle Tiere Bescheid, ob sie nun
195 in der Wüste lebten oder im ewigen Eis, ob hoch in den Lüften oder auf dem Grunde des Ozeans. Sie hielten Versammlungen ab und wählten für jede Art und Gattung einen Delegierten. (…)

Zu Hause packten die Tierfrauen die Koffer mit Reiseproviant
voll. Und mit Wäsche und Thermosflaschen und Moos und Mais
200 und gedörrtem Fleisch und Fisch und mit Hafer, Wabenhonig,
Brathühnern und gekochten Eiern. Und dann zogen die Delegierten die Mäntel an, denn es war Zeit, zum Bahnhof zu gehen.

Es war sogar allerhöchste Zeit. Auf den Bahnhöfen in Afrika,
Asien, Amerika, Europa und Australien standen schon die
205 Schnellzüge unter Dampf. Die Lautsprecher brüllten: „Höchste
Eisenbahn – alles Platz nehmen! Abfahrt zum Hochhaus der
Tiere – Türen schließen!" Dann ruckten die Lokomotiven an.
Oskar und Alois und Leopold und viele andere Delegierte hat-
ten die Wagenfenster heruntergelassen und winkten mit ihren
210 Taschentüchern. Und die Mütter mit den Elefäntchen und den
anderen Tierkindern winkten zurück. „Blamiert euch nicht!", rief
Oskars Frau mit erhobenem Rüssel. „Keine Bange!", schrie
Oskar zurück. „Wir werden die Welt schon in Ordnung bringen!
Wir sind ja schließlich keine Menschen!"
215 In den Häfen am Meer ging es nicht weniger lebhaft zu. Die
Tiere, die nicht schwimmen konnten, gingen an Bord moderner
Schnelldampfer. Es lagen aber auch große Walfische am Pier
und sperrten ihre riesigen Mäuler auf. Sie hatten sich freiwil-
lig für den Transport der Konferenzteilnehmer zur Verfügung
220 gestellt, und wer den Schiffsmotoren nicht traute, brauchte nur
über die Laufplanke in einen der Walfische hineinzuspazieren.
„Schiffe gehen zuweilen unter", sagte der Hase zum Fuchs.
„Aber dass ein Walfisch untergegangen ist, habe ich noch nie

gehört." – Damit hoppelte er über die Planke in den aufgesperr-
225 ten Rachen des Ungeheuers. Schließlich war alles an Bord. Die
Schiffssirenen heulten auf. Die Walfische klappten ihre Mäuler
zu. Wasserfontänen spritzten hoch, und die Flottille setzte sich
in Bewegung. Die Verwandten am Ufer winkten. Die Delegierten
an der Schiffsreling winkten zurück. Nur die Abgeordneten im
230 Bauch der Walfische – die winkten nicht. Weil Walfische keine
Fenster haben.

Auch auf den Flugplätzen sämtlicher Erdteile war Hochbetrieb.
Die meisten Delegierten – soweit es nicht Vögel waren – flogen
zum allerersten Mal in ihrem Leben und benahmen sich ein
235 bisschen nervös und zimperlich. Aber als der Adler, der Geier,
der Bussard und der Reiher sie auslachten, nahmen sie sich zusammen und setzen sich ergeben auf ihre Kabinenplätze. Man
konnte übrigens auch, gegen einen entsprechenden Preiszu-
schlag, einen fliegenden Teppich mieten. Das tat beispielsweise
240 der Skunk. Als wohlhabendes Pelztier konnte er sich das leisten. Außerdem blieb ihm gar nichts andres übrig. Weil er stank,
hatte man ihm an der Kasse kein Flugbillett verkauft. Nun ja,
schließlich waren alle untergebracht. (…)

Obwohl nun doch zu Wasser, zu Lande und in der Luft so viele Tiere
245 auf dem Wege zur Konferenz waren, merkten die wenigsten Menschen etwas davon. Nur die Leute, die an der Eisenbahn wohnten,
wunderten sich ein bisschen. Aber wenn dann einer sagte: „Es wird
wohl ein Wanderzirkus sein", gaben sie sich wieder zufrieden.
Am erstauntesten waren die kleinen Kinder, die in diesen Tagen in
250 ihren Bilderbüchern blätterten. Die Bilderbuchtiere waren nämlich
aus den Büchern verschwunden! Es sah aus, als hätte sie jemand
fein säuberlich mit der Schere herausgeschnitten! Aber es hatte sie
natürlich gar niemand herausgeschnitten, sondern sie waren mitten
in der Nacht aus den Büchern gesprungen und hatten sich auf die
255 Socken gemacht, um ja rechtzeitig im Hochhaus der Tiere zu sein ...

2 Der Text ist inhaltlich in verschiedene Abschnitte eingeteilt.
Der 1. Abschnitt hat bereits eine Überschrift.
- Entscheide, welche Überschrift jeweils am besten zu einem
  der fünf anderen Abschnitte passt.
- Schreibe die Überschriften dann jeweils auf die Linie.

Reisevorbereitungen

Es wird etwas geschehen

Die Verständigung klappt wie am Schnürchen

Eine brillante Idee

Schlechte Nachrichten überall

3 Die Tiere sind traurig, ratlos und sehr verärgert über das Verhalten der Menschen.
Finde zu den beiden folgenden Fragen Antworten im Text und schreibe sie auf.
- Was machen die Menschen in den Augen der Tiere immer wieder falsch?
- Und wer tut den Tieren ganz besonders leid?

_____

_____

_____

_____

4 Der blonde Löwe Alois spricht gern einen Lieblingssatz,
wenn er sich ärgert. Schreibe diesen Satz wörtlich hier auf.

_____

_____

5 Welches Tier hat nach einer anstrengenden Nacht eine ganz besondere Idee?

Tier: _____   Name: _____

Trifft sich freitags immer mit: _____

Besondere Idee: _____

_____

6 Beschreibe, auf welchem Weg sich diese Idee in alle Kontinente der Erde verbreitet.
Lies dazu vorher auch noch einmal im Text nach (Zeile 137–193).

_____

_____

_____

_____

_____

_____

7 Stell dir vor, du könntest dich zusammen mit den Tieren auf die Reise machen …
• Welche Vorbereitungen würdest **du** treffen?
  Und **wen** würdest du gern mitnehmen?

_____

_____

_____

• Welches Beförderungsmittel wäre dir am liebsten:
  eins zu Wasser (Schiff, Walfischbauch), eins in der Luft (Flugzeug,
  fliegender Teppich) oder eins zu Land (Auto, Bus, Eisenbahn)?
  Begründe deine Wahl.

_____

_____

_____

8 Notiere, was du aus den gemeinsamen Beratungen und
Gesprächen über die Tiere erfahren hast.
Welche Eigenschaften und Fähigkeiten haben die Tiere?
Du kannst dazu auch die folgenden Formulierungen nutzen.

- geduldig sein
- zuhören können
- gemeinsam nachdenken
- die Welt in Ordnung bringen
- auf Unrecht aufmerksam machen
- nicht aufgeben
- hartnäckig sein
- etwas verändern wollen
- an das Wohl der Kinder denken
- einen starken Willen haben
- sich für etwas einsetzen
- von etwas fest überzeugt sein

9 Es gibt auch heute viele Kriege in der Welt. Und immer noch sind es
die Kinder, die ganz besonders unter den Folgen der Kriege leiden müssen:
Sie werden verwundet, sie sterben, sie leiden an Hunger, Durst oder
Krankheiten, sie können nicht zur Schule gehen, sie verlieren ihre Eltern,
Geschwister, ihr Zuhause und ihre Heimat ...
Schreibe mit deinen Worten auf, warum das Buch „Die Konferenz der Tiere"
von Erich Kästner auch heute noch aktuell ist.
Denke dabei auch an Meldungen, die du aus den Nachrichten oder
aus der Zeitung kennst.

→ Eine Ballade kennen lernen

Balladen gab es schon vor tausend Jahren. Die folgende Volksballade ist nach der bekannten Rattenfängersage entstanden.

1 Lies dir die Ballade aufmerksam durch.

Der Rattenfänger von Hameln
nach einer Volksballade

In Hameln kämpften Mäus und Ratzen
Am hellen Tage mit den Katzen.
Das ließ den Stadtrat nicht mehr ruh'n,
4 Er musste was dagegen tun.

Da kam zu ihm ein Wundermann,
Der hatte bunte Kleider an.
Sagt: „Ich befrei euch jedes Haus
8 gegen Lohn von Ratt' und Maus."

Der Rat stimmt zu. Der Mann mit Eifer[1]
Beweist sich als ein Rattenpfeifer.
Kriegt Ratt' und Mäuse ohne Falle,
12 Ersäuft sie in der Weser alle.

Der Rat will ihm dafür nicht geben,
Was er ihm zugesagt soeben;
„Nur pfeifen? Das ging gar zu leicht!
16 Das war doch wohl ein Teufelsstreich."

Er sprach dem Ratsherrn ins Gewissen,
Doch wurd' er aus dem Saal geschmissen.
Bekam statt wohlverdientem Lohn
20 nur böse Worte, Spott und Hohn.[2]

Die Stadt von solcher Not befreit
In großem Dankesfest sich freut'.
In Kirchen saßen alle Leut',
24 Es läuteten die Glocken weit.

Die Kinder spielten in den Gassen,
Der Wundermann geht durch die Straßen,
Er pfiff zusammen ganz geschwind
28 Wohl ein paar Hundert kleine Kind'.

Ein Schäfer sah sie zur Weser geh'n,
Und keiner hat sie wieder geseh'n,
Verschwunden sind sie seit dem Tage –
32 Die Eltern voller Schmerz und Klage.

---

[1] Eifer: schnell und mit großer Sorgfalt
[2] Spott und Hohn: starke Schadenfreude und Verachtung

2 Was waren deine ersten Gedanken, nachdem du die Ballade gelesen hast?

_____

_____

_____

3 Welches Problem bereitet dem Stadtrat schlaflose Nächte?
- Forsche in den ersten beiden Strophen nach.
- Beschreibe das Problem anschließend mit deinen Worten.

_____

_____

_____

4 Wie wird der Rattenfänger in dieser Ballade beschrieben?
- Lies dir die Strophen 2 und 3 noch einmal aufmerksam durch.
- Markiere Textstellen, in denen du etwas über ihn erfährst.

5 Was denkst du über das Verhalten des Stadtrates in der vierten Strophe?
Wähle zwei Adjektive aus, die du passend findest, und schreibe sie auf.

Er ist _____ und _____.

unfair   gemein   ungerecht   verlogen   betrügerisch

M

Balladen

Balladen bestehen in der Regel aus drei Elementen:

1. Balladen haben Verse und Strophen und reimen sich meistens – wie Gedichte.
2. Balladen enthalten oft Dialoge mit wörtlicher Rede und sind dramatisch aufgebaut – wie Szenen in einem Theaterstück.
3. Balladen erzählen von spannenden Ereignissen – meistens im Präteritum – wie Geschichten.

6 Beschreibe den Aufbau der Ballade „Der Rattenfänger von Hameln".

Die Ballade „Der Rattenfänger von Hameln" besteht aus

_____ Strophen mit jeweils _____ Versen.

7 In zwei Strophen wird direkt gesprochen.
Markiere in beiden Strophen die wörtliche Rede.

8 Der Rattenfänger rächt sich am Ende der Ballade.
Was treibt ihn dazu?
Lies in der fünften Strophe noch einmal nach
und schreibe es mit deinen Worten auf.

_____

_____

_____

_____

_____

9 Gib den Inhalt der Ballade nun mit deinen eigenen Worten wieder.
- Dazu kannst du die Stichwörter am Rand nutzen.
- Schreibe im Präsens.

Die Ballade „Der Rattenfänger von Hameln"

erzählt von _____

- **Rattenfänger**
- **befreit Stadt**
- **Rattenplage**
- **kein Lohn**
- **Rache**
- **Kinder verschwinden**

_____

_____

_____

_____

_____

_____

_____

_____

_____

_____

→ Eine Ballade inhaltlich erschließen

1 Lass dir die Ballade von jemandem aus der Klasse vorlesen.

Die Geschichte vom fernsehverrückten Frank

1 Schon als Wickelkind war Frank
unbeschreiblich fernsehkrank.
Nach dem Frühstück, um halb zehn,
schrie er: „Ich will Fernsehn sehn!"
Und noch mitternächtlich spät
hockte Frank vorm Bildgerät.

2 Frank saß wie von einer Fessel
festgeschnürt auf einem Sessel,
wollte nicht zum Spielplatz springen
und nicht basteln und nicht singen,
wollte nicht spazieren gehn,
wollte nichts als Fernsehn sehn.

3 Niemand, nicht mal Doktor Sieber,
heilte Frank vom Fernsehfieber.
Pillen kriegte Frank und Spritzen,
doch er blieb vorm Bildschirm sitzen,
war zu träge aufzustehn,
schrie nur: „Ich will Fernsehn sehn!"

4 Augen groß wie Birnenstiele,
starrte Frank der Jahre viele
auf das Fernsehfunkgeflimmer,
doch dann schlich er aus dem Zimmer
seufzte: „Ich will schlafen gehn,
möchte nicht mehr Fernsehn sehn!"

5 Und vom Sitzen steif und schief,
ging der Frank zu Bett und schlief,
als der Fernsehapparat
hops! ins Kinderzimmer trat
und befahl in barschem[1] Ton:
„Aufstehn, Frank! Hier bin ich schon!"

6 Müde nach des Tages Last,
glotzte Frank auf seinen Gast.
Die verflixte Fernsehröhre
sprach: „Verzeihung, wenn ich störe!
Aber einen Freund wie dich
lass ich nimmermehr im Stich!"

7 Und sie hat den Frank zur Nacht
völlig um den Schlaf gebracht,
hängte sich wie eine Klette
fest und rücksichtslos ans Bette,
wenn der Frank auch noch so schrie:
„Fernsehn will ich nie mehr, nie!"

8 Ganz vergeblich flennte[2] Frank,
war nun doppelt fernsehkrank.
Niemand konnte ihn vom bösen
Fernsehapparat erlösen.
Jedem kann es so ergehn,
der nicht aufhört fernzusehn.

(Hansgeorg Stengel)

_____

[1] barsch: grob
[2] flennen: weinen

2 Was gefällt dir an dieser Ballade?

_____

_____

3 Forsche nach, was genau du über den Jungen erfährst.
Kreuze dann die richtigen Aussagen an. Es sind zwei.

a) Frank kann nicht aufhören zu singen.

b) Frank ist fernsehsüchtig.

c) Frank schläft nach dem Fernsehen gleich ein.

d) Auch der Doktor kann Frank nicht helfen.

e) Frank möchte lieber auf den Spielplatz.

4 Lies dir nun die vierte Strophe noch einmal aufmerksam durch.
Was hat sich bei Frank im Laufe der Zeit verändert?
Beschreibe es mit deinen Worten.

_____

_____

_____

5 Schreibe auf, über welch ungewöhnliche Fähigkeiten
der Fernsehapparat verfügt.

_____

_____

_____

6 Was bedeutet es, dass Frank doppelt fernsehkrank ist?
Lies die folgenden Erklärungen und kreuze die treffende an.

a) Frank sieht durch das viele Fernsehen doppelt und muss wieder zum Arzt.

b) Erst war Frank fernsehsüchtig und jetzt macht ihn der Fernseher verrückt.

c) Frank muss am Tag und in der Nacht ohne Pause fernsehen.

7 Suche dir einen Partner oder eine Partnerin.
Wählt eine der beiden folgenden Aufgaben aus.
• Lest euch abwechselnd die Ballade vor.
  Denkt euch verschiedene Gesten zu den Strophen aus.
• Spielt die fünfte und die sechste Strophe als Szene.
  Einer von euch ist Frank und der andere der Fernsehapparat.
  Anschließend tauscht ihr die Rollen.

→ Woran erkennt man ein Gedicht?

1 Suche dir einen Partner oder eine Partnerin
und lest euch den Text gegenseitig vor.

Der Reiher

Wenn spazieren geht der Reiher, denkt er über manches nach:
Ob sich's besser fischt am Weiher[1] oder besser noch am Bach.
Endlich hat er sich entschlossen, geht zum Weiher hin und
fischt, und da weilt er unverdrossen, bis er einen Fisch erwischt.
Warten, das versteht er prächtig[2], Langeweile kennt er nicht;
was er tut, er tut's bedächtig[3], und Geduld ist seine Pflicht.
Willst du irgendwas erringen, lern vom Reiher mancherlei,
und Geduld vor allen Dingen bestens dir empfohlen sei.

(nach Heinrich Hoffmann von Fallersleben)

[1] Weiher: ein kleines, stilles Gewässer
[2] prächtig: gut
[3] bedächtig: langsam, gut überlegt

2 Dieser Text ist wie eine Geschichte aufgeschrieben.
In Wirklichkeit aber ist dies ein Gedicht
mit Strophen und Versen.
Lies noch einmal im Text oben nach
und fülle dann die Lücken in dem Gedicht.

Der Reiher

Wenn spazieren geht der Reiher,

denkt er über manches nach:

Ob sich's besser fischt am _____

oder besser noch am Bach.

Endlich hat er sich entschlossen,

geht zum Weiher hin und _____,

und da weilt er unverdrossen,

bis er einen Fisch _____.

August Heinrich
Hoffmann von Fallersleben

Warten, das versteht er _____,

Langeweile kennt er nicht;

was er tut, er tut's _____,

und Geduld ist seine Pflicht.

(Heinrich Hoffmann von Fallersleben)

3 Schreibe nun die letzte Strophe selbst auf und unterstreiche die Reimwörter.

_____

_____

_____

_____

Die äußere Form von Gedichten: Strophen und Verse

M

Was in Geschichten die **Absätze** sind, sind in Gedichten die **Strophen**. Was in Geschichten die **Zeilen** sind, sind in Gedichten die **Verse**. Am Ende der **Verse** stehen oft **Reimwörter**.

Reime sind Wörter, die gleich oder sehr ähnlich klingen.

- Wenn sich zwei direkt aufeinanderfolgende Verse reimen, ist das ein **Paarreim**.
- Wenn sich ein Vers mit dem übernächsten Vers reimt, ist das ein **Kreuzreim**.

4 Um welchen Reim handelt es sich in dem Gedicht „Der Reiher"?
Der Merkkasten hilft dir bei der Antwort.

_____

5 Arbeite jetzt wieder mit deinem Partner oder deiner Partnerin.
Tragt euch das Gedicht gegenseitig vor.

→ **Ein Parallelgedicht schreiben**

1 Endlich kommt der Frühling! Was passiert alles im Frühling?
Ergänze die Sätze und formuliere zwei weitere.

1. Die Bäume werden grün.

2. Das Wetter

3. Die Blumen

4.

5.

2 Lies dir das folgende Gedicht erst einmal in Ruhe durch.

Ich male mir das Frühjahr

Ich male ein Bild,
ein schönes Bild,
ich male mir das Frühjahr.
4 Hell ist das Land
und grün ist der Baum
und blau ist der Himmel darüber.

Und überall
8 sind an dem Baum
viel weiße Blüten zu sehen.
Eine Amsel singt
auf dem höchsten Zweig,
12 kein Wind kann sie runterwehen.

Und noch eine Amsel!
Was macht sie dort
zwischen all den blühenden Zweigen?
16 Sie piepst im Geäst,
sie hüpft um ihr Nest,
das will sie dem Männchen zeigen.

Wer mein Bild besieht,
20 wie's da Frühling ist,
wird den Frühling
mit Freude genießen.
Der zieht seine Schuh' und Strümpfe aus
24 und geht barfuß über die Wiesen.

(Wolfgang Menzel)

3 „Ich male ein Bild" heißt es im Gedicht.
Lies aufmerksam in den ersten drei Strophen.
Notiere hier, was man auf diesem Bild alles sehen kann.

1. Strophe: Land, Baum

2. Strophe:

3. Strophe:

4 Was wird in der vierten Strophe beschrieben?

_____

_____

5 Beantworte folgende Fragen in ganzen Sätzen:

a) Welche Farbe hat der Baum?

Der Baum ist _____

b) Welche Farbe hat der Himmel?

_____

c) Was ist überall am Baum zu sehen?

_____

d) Auf welchem Ast sitzt die erste Amsel?

_____

e) Was will die zweite Amsel dem Männchen zeigen?

_____

6 Schau dir das Gedicht noch einmal aufmerksam an.

a) Wie viele Strophen hat das Gedicht? _____

b) Wie viele Verse gibt es insgesamt? _____

c) Welche Wörter reimen sich aufeinander? Markiere sie.

7 Jetzt bist **du** an der Reihe. Schreibe das Gedicht von Wolfgang Menzel um und male ein Bild vom **Sommer** oder vom **Herbst**! Wortmaterial, mit dem du arbeiten kannst, findest du hier:

Sommer
Pfirsiche, Kirschen, reif, golden, leuchten, fruchtig, rot, funkelnd, grüne Blätter, lachende Kinder, Klettern im Baum, Ball spielen, Ball im Baum, summende Bienen, bunte Blumen, singende Vögel, Schwalben, Lerche, Freibad, Eis

Herbst
Äpfel, Birnen, reif, saftig, golden, leuchten, gelbe/rote/bunte Blätter, Laub, Drachen steigen lassen, Drachen im Baum, Wind, stürmisch, Zugvögel fliegen nach Süden, Tiere sammeln Nahrung für Winterruhe, gemütlich im Haus bleiben

→ **Von den Reimen**

1 Lies dir das Gedicht in Ruhe durch.
Sieh dir dabei die Reimwörter am Ende der Verse genau an.

Hundegebell

Warum bellt denn nur der Hund?
Bellt er ohne jeden Grund?
Bellt er vielleicht nur zum Spaß?
Denkt der Hund sich irgendwas?

Gibt es einen Grund dafür?
Steht ein Fremder an der Tür?
Will er etwa Gassi gehen?
Hunde sind nicht zu verstehen!

2 Hier siehst du die erste Strophe des Gedichtes noch einmal.
Unterstreiche die Reimwörter. Was fällt dir auf?

Warum bellt denn nur der Hund?

Bellt er vielleicht nur zum Spaß?

Bellt er ohne jeden Grund?

Denkt der Hund sich irgendwas?

_____

3 Ergänze die fehlenden Verse so, dass sich auch in der zweiten Strophe
der zweite und der vierte Vers reimen.

Gibt es einen Grund dafür?

_____

_____

_____

4 Suche dir einen Partner oder eine Partnerin
und lest euch beide Fassungen des Gedichtes mehrere Male vor.
Welche Fassung gefällt euch besser?

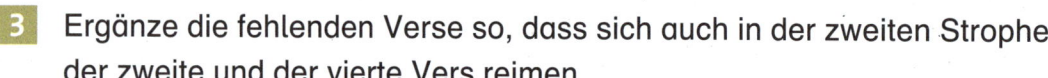

→ Ein Gedicht aus einem Sachtext herauslösen

1 In dem folgenden Text sind die Verse eines Gedichtes
und die Sätze eines Sachtextes miteinander vermischt.
Die Reihenfolge der beiden Texte stimmt aber.
Lies dir den ganzen Text zunächst einmal genau durch.

Marienkäfer   Marienkäferlein

Der Marienkäfer ist ein nützliches Tier.
Im Frühsommer schlüpfen seine Jungen.
Erste warme Sonne liegt
auf den grünen Hügeln.
Fast 5000 verschiedene Arten gibt es.
Man unterscheidet sie an der Anzahl der Punkte.
Und ein rotes Pünktchen fliegt
Der Marienkäfer hat sechs Beine und zwei Paar Flügel.
hin und her vom Wind gewiegt:
früh schon auf den Flügeln.
Die kleinen Käfer sind besonders gefräßig.
Pro Tag frisst ein kleines Käferlein 600 Blattläuse.
Liebes rotes Käferlein
mit den schwarzen Tupfen,
Die rote Farbe bekommen die kleinen Käfer nach einigen Tagen.
kommst so zeitig und allein,
Die Marienkäfer überwintern in frostsicheren Quartieren,
in hohlen Baumstämmen und Laubhaufen.
noch liegt Schnee am Wiesenrain[1]:
Hol dir keinen Schnupfen.

_____
[1] Wiesenrain: Wiesenrand

2 Welche Unterschiede sind dir aufgefallen? Beschreibe es mit deinen Worten.
Nutze die Hinweise rechts.

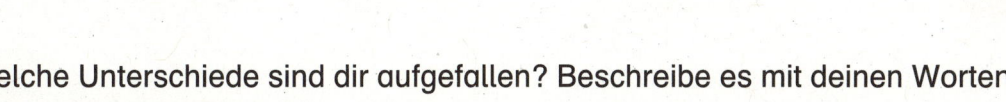

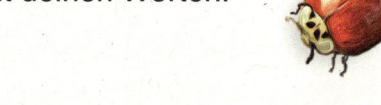

- **bildliche Sprache**
- **Reimwörter**
- **sachliche Sprache**
- **sachliche Informationen**
- **Zahlenangaben**

3 Das versteckte Gedicht besteht aus zwei Strophen.
Jede Strophe hat fünf Verse.
Schau noch einmal genau in den Text.
Markiere alle Verse, die zu dem Gedicht gehören.

Marienkäferlein

Erste warme Sonne liegt

auf den grünen Hügeln.

_____

hin und her vom Wind gewiegt:

_____

Liebes rotes Käferlein

mit den schwarzen Tupfen,

_____

noch liegt Schnee am Wiesenrain:

_____

(Fred Rodrian)

4 Vier Verse müssen noch ergänzt werden.
Sieh im Text auf Seite 83 nach, ob du die Verse
richtig markiert hast. Ergänze dann das Gedicht.

M

Bilder und Vergleiche

Zu den Merkmalen von Gedichten gehören Bilder und Vergleiche.
Meistens werden Dinge oder Lebewesen aus der Natur mit Menschen verglichen.
Sie werden personifiziert. Sie handeln wie Menschen oder bekommen
Eigenschaften und Gefühle, die nur Menschen haben können, z. B.:
Liebe, Trauer, Vertrauen, Angst oder Mitleid.

→ **Bilder und Vergleiche**

1 Lies dir das Gedicht aufmerksam durch.

Der Briefmark

Ein männlicher Briefmark erlebte
was Schönes, bevor er klebte.
Er war von einer Prinzessin beleckt.
Da war die Liebe in ihm erweckt.

Er wollte sie wieder küssen,
Da hat er verreisen müssen.
So liebte er sie vergebens[1].
Das ist die Tragik[2] des Lebens.

(Joachim Ringelnatz)

[1] vergebens: ohne Erfolg
[2] Tragik: Qual

2 Was hat dir an dem Gedicht besonders gefallen?

_____

_____

3 Was wird in diesem Gedicht wie ein Mensch dargestellt?

_____

_____

4 Was erlebt der Briefmark in der ersten Strophe?
Gib es mit deinen Worten wieder.

_____

_____

5 Welches Gefühl löst dieses Erlebnis beim Briefmark aus?

_____

6 Sieh dir nun die zweite Strophe noch einmal genau an.
Wie verändern sich das Gefühl und die Situation des Briefmarks?
Vervollständige den Satz mit einem Adjektiv und einem Verb.

Er ist _____, weil er _____ muss.

7 Zeichne dem Briefmark für jede Strophe ein Gesicht.

1. Strophe   2. Strophe

8 Wie verstehst du den letzten Vers „Das ist die Tragik des Lebens"?
Kreuze die Antwort an, die du am treffendsten findest.

   a) Man sollte sich nicht von Prinzessinnen küssen lassen.
   b) Verreisen muss nicht immer schön sein.
   c) Liebeskummer gehört auch zum Leben.
   d) Es klappt im Leben nicht alles so, wie man sich es wünscht.

→ **Eine Erzählung mit Hilfe von Leitfragen erschließen**

Der Sprung

Ein Schiff kehrte von der Weltumseglung zurück. Es
herrschte stilles Wetter, und alles war an Deck. Bei
den Mannschaften trieb sich ein großer Affe herum,
an dem alle ihren Spaß hatten. Er machte drollige
5 Faxen und Sprünge, schnitt komische Grimassen
und äffte die Menschen nach. Man sah ihm an, dass
er wusste, welchen Spaß er den Menschen bereitete,
und wurde deshalb noch ausgelassener.
Plötzlich sprang er auf einen zwölfjährigen Knaben
10 zu, den Sohn des Kapitäns. Er riss ihm die Mütze herunter, setzte sie sich auf den Kopf und kletterte flink
den Mast hinauf. Alle lachten, nur der Junge wusste
nicht, ob er weinen oder lachen sollte. Der Affe setzte sich auf den ersten Querbalken des Mastes, nahm
15 die Mütze ab und machte sich daran, sie mit den
Pfoten und Zähnen zu zerreißen. Es war, als necke
er den Knaben. Er zeigte mit den Fingern auf ihn und
schnitt dabei drollige Fratzen. Der Knabe drohte ihm
mit der Faust, doch der Affe zerrte noch wütender
20 an der Mütze. Die Matrosen lachten noch lauter; der
Knabe wurde rot, warf seine Jacke ab und stürzte
dem Affen auf den Mast nach. In wenigen Sekunden
hatte er die erste Rahe[1] erklommen. In dem Augenblick aber, als er schon glaubte, die Mütze fassen zu
25 können, war der Affe flinker und kletterte noch höher
hinauf.
„Du entgehst mir doch nicht!", rief der Knabe und
kletterte noch höher. Der Affe lockte ihn wieder zu
sich und kletterte höher. Den Knaben hatte der Zorn
30 gepackt, und er blieb ihm auf den Fersen. So er-
reichten die beiden in kürzester Zeit die Spitze des
Mastes. Ganz oben streckte sich der Affe in seiner
ganzen Länge aus, hielt sich mit der Hinterpfote an
einem Tau fest und hängte die Mütze ans Ende der
35 letzten Rahe. Er selbst erklomm die Mastspitze,
schnitt dort Grimassen, fletschte die Zähne und freute sich. Die Entfernung vom Mast bis zum Ende der
Rahe, an der die Mütze hing, betrug etwa drei Meter,
sodass man die Mütze nicht erreichen konnte, ohne
40 den Mast und das Tau loszulassen.

Die Menschen an Deck hatten bisher zugeschaut und über den Affen und den Sohn des Kapitäns gelacht. Als sie aber sahen, dass der Knabe auch das Tau losließ und mit ausgebreiteten Armen

45 auf die Rahe trat, erstarrten sie vor Schreck. Er brauchte nur einen Fehltritt zu tun, um abzustürzen und an Deck zerschmettert liegen zu bleiben. Aber selbst, wenn es ihm gelingen würde, bis zum Ende der Rahe zu kommen und die Mütze zu ergreifen,

50 so würde es ihm schwerfallen, umzukehren und zum Mast zurückzugelangen.

Alle starrten stumm hinauf und warteten. Plötzlich stieß jemand einen Schreckensschrei aus. Der Knabe kam durch diesen Schrei zu sich, blickte

55 hinunter und wankte. In diesem Augenblick trat der Kapitän aus der Kajüte. Er hatte ein Gewehr in der Hand, um Möwen zu schießen. Er sah seinen Sohn auf dem Mast, hob das Gewehr, zielte auf den Knaben und rief: „Ins Wasser! Spring sofort ins

60 Wasser! Sonst erschieße ich dich!"

Der Knabe wankte, verstand ihn aber nicht. „Spring oder ich schieße! Eins ... zwei ..." – Als der Vater „drei" gerufen hatte, sprang der Knabe von der Rahe kopfüber ins Wasser. Die Wellen waren noch

65 nicht über ihm zusammengeschlagen, als auch schon zwanzig Matrosen ins Meer gesprungen waren. Etwa vierzig Sekunden später – sie erschienen allen unendlich – kam der Knabe zum Vorschein. Er wurde an Bord gezogen. Wenige Minuten später

70 floss ihm das Wasser aus Mund und Nase, und er begann zu atmen.

Als der Kapitän das sah, schrie er plötzlich auf, als wenn ihn etwas würgte, und stürzte in seine Kajüte, damit niemand sehen sollte, dass er weinte.

(Leo N. Tolstoi)

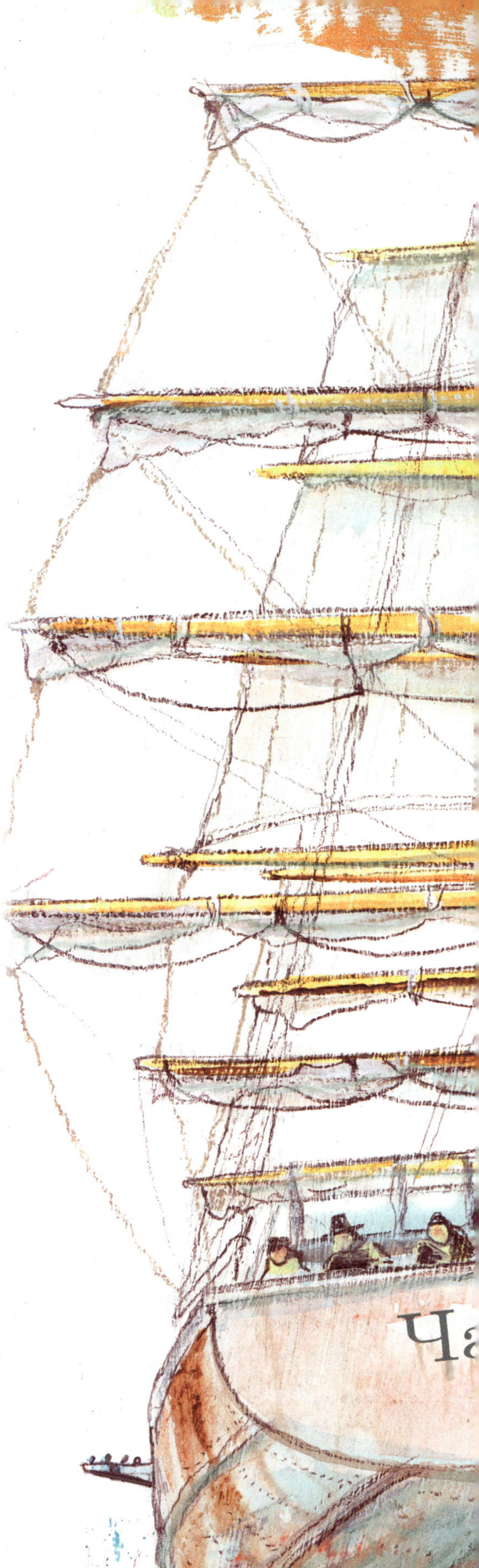

---

¹ Rahe: waagerechte Stange am Mast, an der ein rechteckiges Segel befestigt wird

1 Der Affe macht sich einen Spaß daraus, den Jungen zu ärgern.
Lies in den Zeilen 9–40 nach und markiere entsprechende Textstellen.

2 Zu welcher gefahrvollen Aktion lässt sich der Junge provozieren?
In welcher Zeile findest du diesen Hinweis?

_____

_____

3 In Zeile 43–53 spitzt sich die Situation zu.
• Was genau macht der Junge jetzt?
• Warum ist diese Situation für ihn so gefährlich?

_____

_____

4 Der Junge ärgert sich so sehr über den Affen, dass er sich der Gefahr,
in der er schwebt, gar nicht bewusst ist.
• In welchem Augenblick kommt er erst zu sich?
• Lies in Zeile 53–64 nach und markiere die entsprechende Textstelle.

5 Welche Erklärung hast du für die Reaktion des Kapitäns,
als er seinen Sohn oben auf der Rahe erblickt?

_____

_____

_____

6 Zu guter Letzt wird der Junge gerettet. In diesem Moment
schreit der Kapitän auf und stürzt in seine Kabine.
Niemand soll sein Weinen sehen.
Schreibe deine Meinung dazu auf.

_____

_____

_____

_____

→ **Einen literarischen Text mit Leitfragen erschließen**

Der Laternenmann
nach Maxim Gorki

Maxim Gorki ist ein russischer Schriftsteller,
der diese Geschichte aus seiner Kindheit
zu Beginn des 19. Jahrhunderts geschrieben hat.

1 Lies zunächst den Anfang der Geschichte.

Es ist eine alte Geschichte. Damals war ich noch ein kleiner Junge. Wir wohnten in einer kleinen Stadt an der Wolga[1]. Dort gab es viele steile Straßen. Sie führten alle zum Fluss hinunter. An diesen steilen Straßen standen damals Straßenlaternen, in denen
5 Petroleumlampen[2] waren. Wenn es dunkel wurde, kam ein Mann mit einer kleinen Leiter. Das war der Laternenmann. Er ging zu einer Laterne, stellte die Leiter an und zündete das Flämmchen an. Dann ging er mit seiner Leiter zur nächsten Laterne und bald brannten alle Laternen an der Straße.
10 Aber was machten wir, wir ungezogenen Jungen? Wir machten uns einen besonderen Spaß. Wenn alle Laternen an den steilen Straßen angezündet waren, dann sammelten wir Steinchen. Mit diesen Steinchen warfen wir nun nach den Laternen. Klirr! Schon war die erste Laterne kaputt und die Petroleumlampe ausge-
15 löscht. Das gefiel uns sehr! Das machte uns einen Riesenspaß. Klirr – wieder eine Laterne kaputt. Und noch einmal klirr – da war die dritte Lampe ausgelöscht. So zerstörten wir immer wieder die Straßenbeleuchtung, einmal in dieser Straße, am nächsten Abend in einer anderen Straße.
20 An einem Abend war ich mit meinem Freund Mischka allein unterwegs. Mischka konnte sehr gut werfen, er traf mit jedem Stein eine Laternenscheibe. Wir hatten gerade zwei Scheiben eingeworfen, da packte uns plötzlich jemand im Dunkeln am Kragen. Wir sahen uns um: Es war der Laternenmann! Er hatte uns ertappt.

---

[1] Wolga: der längste Fluss Europas
[2] Petroleum: Brennstoff, der aus Erdöl gewonnen wird

2 Versetze Dich in die Lage der Jungen. Was geht jetzt wohl in ihnen vor?

3 Welche Aufgabe hatte ein Laternenmann damals?
Lies im ersten Absatz noch einmal genau nach.
Kreuze die richtige Antwort an.

    a) Er klettert jeden Abend ohne Hilfe an den Laternen hoch
       und zündet die Lichter an.

    b) Abends geht er mit einer Leiter von Laterne zu Laterne
       und zündet die Petroleumlampen an.

    c) Zu später Stunde knipst der Laternenmann jede Lampe
       an der Straße an.

4 In welcher Zeile findest du den Grund, weshalb die Kinder
die Laternen mit Steinchen auswerfen?
Schreibe die Textstelle heraus. Zeile: _____

_____

_____

5 Lies nun den zweiten Teil des Textes.

25 Er schüttelte uns kräftig, aber er schlug uns nicht. Aber bestimmt
sollten wir noch Prügel bekommen, weil wir immer die Glasscheiben der Laternen eingeworfen hatten. Wir hatten diese Strafe
verdient!
Der Laternenmann zog uns zu einer Bank. Er setzte sich, wir
30 mussten uns neben ihn setzen. Neben der Bank brannte noch
eine Laterne. Der Laternenmann sprach immer noch kein Wort.
Wir saßen ganz still vor Angst und warteten auf unsere Strafe. Da
endlich sprach der Laternenmann zu uns: „Also, ihr kleinen Teufel,
ihr werft mit Steinen nach meinen Laternen. Ihr zerbrecht mir die
35 Glasscheiben." Wir schauten auf den Erdboden und schwiegen.
Wir konnten es nicht leugnen, weil der Laternenmann uns ertappt
hatte. Er sprach weiter: „Da habt ihr euch kein gutes Spiel ausge-
dacht, ihr Meisterwerfer.
Wisst ihr, wie das Glas hergestellt wird? Ihr wisst es nicht? Das
40 habe ich mir gedacht! Na, dann passt mal gut auf! Das Glas müssen die Glasbläser herstellen. Sie nehmen eine lange Röhre und
rühren damit in der glühenden, flüssigen Glasmasse. Dann nehmen sie das andere Ende der Röhre in den Mund und blasen. Mit
ihrem Atem blasen sie eine große Glasblase. Später schneidet
45 man das Glas und walzt es glatt. So entstehen die Glasscheiben
für meine Laternen. Ja, den Glasbläsern verdanken wir das Glas.

Aber leider leben sie nicht lange. Sie müssen dem Glas zuviel
Atem geben. Ihre Lungen trocknen ein bei dieser Arbeit. Hier!
Schaut euch diese Glasscheibe an! Ihr glaubt, das ist nur ein
50 einfaches Stück Glas? Nein, es ist Glas mit menschlichem Atem
darin. Versteht ihr das? Menschlicher Atem ist darin und ihr werft
mit Steinen nach den Scheiben!"
Dann machte der Laternenmann eine lange Pause. Wir schämten
uns. Dann sagte er: „So, ihr Schützen, nun geht weg von hier!
55 Aber denkt an meine Worte! Vergesst die Glasbläser nicht!" Er
ließ uns los. Tatsächlich! Wir hatten keine Strafe bekommen.
Rasch gingen wir fort. Unterwegs kamen wir an vielen Laternen
vorbei und schon hatten wir wieder Steine in der Hand. Aber
dann – dann warfen wir sie in den Schnee. Wir wollten von jetzt
60 an keine Laternen mehr zerstören. Wir mussten immer an die
Glasbläser denken und an den menschlichen Atem im Glas.

6 Was macht der Laternenmann, als er die Jungen erwischt?
Kreuze die beiden richtigen Antworten an.

 a) Er versohlt den Jungen den Hintern.
 b) Er droht ihnen, mit ihren Eltern zu reden.
 c) Er erzählt ihnen eine Geschichte über die Glasbläser.
 d) Er packt die Jungen am Kragen und schüttelt sie.
 e) Er spricht mit den Jungen über seine Kindheit.

7 Der Laternenmann erzählt den Jungen, wie das Laternenglas
hergestellt wird. Was ist das Besondere an diesem Glas?
Lies noch einmal in den Zeilen 39–52 nach.
Schreibe es dann mit deinen Worten auf.

_____

_____

_____

_____

8 Welches Gefühl haben die beiden Jungen nach dem Gespräch
mit dem Laternenmann? Notiere es mit deinen Worten.

_____

_____

→ **Das Verhalten literarischer Figuren untersuchen**

Isabel spricht nicht mehr mit mir

Genau genommen ist das seit Montagmorgen so, dass Isabel
nicht mehr mit mir spricht. Dabei sitzen wir in der Schule nur zwei
Plätze auseinander! Sonst haben wir in jeder Pause zusammen
gespielt. Doch seit Montag geht Isabel erst gar nicht raus auf den
5 Schulhof. In den Pausen ist sie spurlos verschwunden. Und den
Heimweg machen wir seitdem auch nicht mehr gemeinsam.
Ich habe nachgedacht. Bestimmt ist sie sauer auf mich. Nur, mir
fällt nicht ein, woran das liegen könnte. Gestritten haben wir uns
schon lange nicht. Außerdem sagt sie mir normalerweise, was sie
10 nicht gut findet.
Vielleicht hat ihr jemand etwas über mich erzählt, etwas Gemei-
nes, Schlimmes. Und nun kann sie mich nicht mehr leiden. Ich
könnte sie ja einfach mal fragen. Oder ich könnte sie anrufen.
Mein Herz pocht bis in den Hals hinein, als ich den Hörer ab-
15 nehme. Wie soll ich anfangen? Hoffentlich stottere ich nicht. Ich
wähle ihre Nummer, ich warte.
Isabels Mutter hebt ab. Jetzt muss ich etwas sagen. „Hallo, guten
Tag, Frau Landau. Ist Isabel zu Hause?" „Ja", sagt sie, und: „Moment. Hast du Halsschmerzen, Moritz? Du sprichst so heiser."
20 Sie ruft Isabel. Der Hörer zittert in meiner Hand. Dann ist Isabel
am Apparat.
„Ach du, Moritz", sagt sie.
„Ja, ich wollte dich nämlich fragen, also …", stammle ich. Es ist
verflixt schwierig, einfach mit dem rauszurücken, was einem auf
25 der Seele liegt.
„He, was ist, Moritz?"
Isabels Stimme hört sich etwas gelangweilt an. Oder sogar ab-
weisend? Plötzlich habe ich Angst zu erfahren, was man ihr über
mich erzählt hat. Nein, ich kann die Frage nicht stellen. „Was
30 haben wir in Mathe auf? Hab's mir nicht aufgeschrieben", sage
ich rasch und fühle mich wie ein Feigling.
Sie gibt mir die Hausaufgaben durch. Dann sagen wir uns
„Tschüs" und weiter nichts.
Nach dem Telefonieren geht es mir noch schlechter. Was hat
35 Isabel gegen mich? Wer könnte mich bei ihr schlechtgemacht
haben? Der Ingo …, schießt es mir durch den Kopf. Mit dem verstehe ich mich nicht so gut. Ich werde ihn zur Rede stellen. Aber
eigentlich hat das auch Zeit bis morgen. Ja, morgen in der Schule
werde ich ihn fragen. Oder noch besser, ich beobachte ihn erst
40 ein Weilchen.

Am nächsten Tag in der Schule soll Isabel an die Tafel kommen. Unsere Lehrerin Frau Bödemann will ihr einige Wörter diktieren. Als Isa zur Tafel geht, stolpert sie über ihre eigenen Füße. Die Klasse lacht. Dann schreibt Isa „geboren" mit h, und
45 zum Schluss fällt ihr die Kreide aus der Hand.

„Isabel!" Frau Bödemann lächelt etwas ungeduldig. „Was ist los mit dir? Du machst ein Gesicht wie sieben Tage Regenwetter."

Das hätte Frau Bödemann besser nicht sagen sollen. Obwohl Isabel sich nicht umdreht, kann ich sehen, dass sie jetzt weint.
50 Frau Bödemann legt den Arm um sie und lässt sie erst einmal in Ruhe.

Dass Isabel Tränen runterkullern, kann ich gar nicht mit ansehen. Am liebsten würde ich sie auch umarmen. Aber sie will ja nichts mehr von mir wissen. Keinen einzigen Blick wirft sie mir
55 zu. Und im Unterricht macht sie auch nicht richtig mit.

Auf dem Nachhauseweg halte ich es nicht mehr aus. Ich renne ihr nach und gehe neben ihr her. Bis zur Kreuzung bleiben wir stumm wie Fische. Dann nehme ich all meinen Mut zusammen.

„Was hab ich dir getan, Isa!", rufe ich. „Sag es mir endlich!"
60 Bestürzt schaut mich Isa an. „Wieso getan? Gar nichts!"

„Und warum redest du dann nicht mehr mit mir?"

Mit sehr leiser, stockender Stimme sagt Isa dann: „Ach, das hat doch nichts mit dir zu tun. Es ist ja nur … meine Oma, die ist sehr krank. Sie wird … bald sterben."
65 Ich erschrecke. Die fröhliche, liebe Oma Kunze, die ich auch kenne! Bei der ich mit Isabel in den letzten Ferien ein ganzes Wochenende verbracht habe! Kein Wunder, dass Isabel so verschlossen ist. Wegen der Oma ist sie traurig und besorgt. Und ich Blödmann könnte mich selber ohrfeigen. Hätte ich Isabel
70 doch nur früher gefragt, dann hätte ich sie trösten können.

„Vielleicht wird deine Oma wieder gesund", sage ich.

Isabel schüttelt den Kopf.

In meiner Hosentasche habe ich Kaugummis. Ich halte ihr einen hin. Sie will keinen. Aber ich möchte so gern etwas für sie tun.
75 Da nehme ich ihr die Schultasche ab.

Sie sagt: „Gib wieder her. Kann ich selber tragen. Du, Moritz, kommst du nachher ein bisschen zu mir rüber?"

Ich nehme ihr die Tasche wieder ab.

Und dann hat sie wieder die Schultasche in der Hand. Und dann
80 ich. Und dann sie.

„Bis nachher", sage ich, als wir zu Hause angekommen sind.

Isabel nickt mir zu. Und ein wenig lächelt sie dabei.

(Christa Zeuch)

1 In welchem Verhältnis stehen die beiden Hauptfiguren
dieser Geschichte zueinander?

2 Seit wann genau denkt Moritz über Isabels Verhalten nach?
Markiere die entsprechende Stelle im Text.

3 Moritz vermutet verschiedene Gründe, weshalb Isabel
nicht mehr mit ihm spricht.
Lies in den Zeilen 7–14 und 34–40 nach und notiere die beiden Gründe.

4 Wie fühlt sich Moritz nach dem Telefonat mit Isabel?
Suche die Textstelle und markiere sie.

5 Isabels Verhalten lässt Moritz keine Ruhe. Er geht der Sache
auf den Grund und erhält am Ende Antworten, die alles erklären.
• Nimm Stellung dazu, wie dir Moritz' Verhalten gefällt.
• Würdest du auch so handeln? Begründe!

→ **Das Dehnungs-h**

M

Das Dehnungs-h

Viele Wörter mit einem langen Vokal haben ein **Dehnungs-h**.
Das Dehnungs-h steht nur vor den Buchstaben **l**, **m**, **n**, **r**:
fe**hl**en, ne**hm**en, gä**hn**en, fa**hr**en.

1 Schreibe diese Wörter auf: **bezahlen stöhnen bohren gähnen rühren**

  wohnen fühlen führen fehlen

Wörter mit -hl-: _____

Wörter mit -hn-: _____

Wörter mit -hr-: _____

2 Schreibe die Wörter aus Aufgabe 1 mit **er** oder **sie** auf:

er bezahlt, _____

_____

3 Diese Wörter musst du dir merken. Schreibe sie nach dem Abc geordnet auf:

ähnlich berühmt Mehl Lehrer ohne Jahr gefährlich wohl mehr sehr Zahl

ähnlich, _____

_____

4 Schreibe einen Satz auf, in dem die Wörter **sehr** und **Gefühl** vorkommen:

_____

5 Schreibe einen Satz auf, in dem das Wort **Diebstahl** vorkommt:

_____

→ Das h, mit dem man Silben trennt

Das silbentrennende h

Einige Wörter werden mit einem **h** zwischen den Silben getrennt:
ge-**h**en, zie-**h**en, dro-**h**en, frü-**h**er.

M

blühen drohen glühen wehen ruhen stehen nähen ziehen verstehen leihen

1 Schreibe die Wörter nach dem Abc geordnet mit Silbenstrichen auf:

blü-hen, _____

_____

2 Schreibe die Wörter aus Aufgabe 1 mit **er** oder **sie** auf:

sie blüht, _____

_____

3 Markiere alle Wörter mit einem **h**, aber nicht die mit **ch** und **sch**!

Sie war früh am Morgen aufgestanden. Dann
rannte sie los. Beinahe wäre sie trotzdem zu
spät zum Bus gekommen. Aber ehe er starte-
te, konnte sie noch einsteigen. Da war sie aber
froh! Die Backen glühten, weil sie so rennen
musste. Und plötzlich geschah es: Der Bus
bremste und musste jäh stoppen. Sie stürzte
durch die Reihen der Leute. Alle drehten sich
um und sahen sie dort auf dem Boden liegen.
Aber dann konnte sie wieder aufstehen. Das
kostete einige Mühe, denn der linke große Zeh
tat weh. Sie war kaum fähig zu stehen. Aber
sie blieb ganz ruhig. Als sie in der Schule ankamen, konnte sie schon wieder gehen. Zum
Glück ist kein größeres Unglück geschehen.

früh, _____

_____

_____

_____

_____

_____

_____

4 Schreibe die markierten Wörter am Rand auf.

→ **Wörter mit ß**

M

Wörter mit ß

Der stimmlose s-Laut wird zwischen zwei Vokalen **ß** geschrieben,
wenn der erste Vokal lang oder **ei** ist: gr**ü**ßen, h**ei**ßen …

beißen   schießen   heißen   gießen   fließen   grüßen

1   Schreibe die Wörter so auf: schließen   zerreißen   schmeißen   büßen

beißen – beißt, _____   _____

_____   _____

_____   _____

_____   _____

außer   bloß   groß   süß   Fuß   Spaß

2   Ordne diese Wörter nach dem Abc: Straße   Kloß   draußen   heiß

_____

_____

3   Markiere die Wörter mit **ß**. Schreibe sie dann daneben noch einmal auf.

„Hasso, bleib draußen! Du sollst dein Futter   draußen, _____
genießen!", rief ich. Doch der Hund fraß
absolut nichts, nicht einmal den schönen   _____
Fleischkloß. Die Soße schmeckte ihm auch nicht.
Er saß vor seinem Napf und schnupperte nur   _____
daran. Dann stieß er mit seiner Nase hinein,
doch er ließ das schöne Futter unberührt.   _____
Was hat der bloß? Ich weiß auch nicht!
Soll ich ihm etwas Wasser in den Napf gießen?   _____
Auch daran hat er keinen Spaß. Na gut, dann
gehe ich mit ihm ein Stück die Straße   _____
hinunter, vielleicht weiß er dann, was er will.

→ Wörter mit ss

Wörter mit ss

Der stimmlose s-Laut wird zwischen zwei Vokalen **ss** geschrieben,
wenn der erste Vokal kurz ist: fa**ss**en, e**ss**en …

M

1 Schreibe die Wörter so auf:

fassen	essen	lassen	müssen
Küsse	Schüsse	Flüsse	Fässer

fassen – er fasst _____   essen – sie _____

_____   _____

Küsse – der _____   _____

_____   _____

2 Ordne diese Wörter nach dem Abc:

besser nass Karussell passiert
bisschen interessant Schluss gewiss

_____

_____

3 Markiere die Wörter mit **ss**. Schreibe sie dann am Rand noch einmal auf.

Es ist schon interessant, was in alten Zeiten am engli-
schen Königshof so alles ablief. Es gab strenge Regeln:
Wehe, es hat jemand etwas vergessen! So musste z. B.
ein Diener immer ein Lineal dabei haben, mit dem er den
Abstand von Messern und Gabeln nachmessen konnte.
Ob einer der Gäste wirklich wusste, dass der Abstand
zwischen den Rosenkohlröschen auf einem Teller immer
ganz genau gleich groß war? Auch die Zimmermädchen
im Schloss wussten eines ganz genau: Niemals durfte
es passieren, sich beim Putzen des Zimmers von der
Königin überraschen zu lassen. Notfalls musste das
Mädchen sich sogar irgendwo verstecken. Der Königin
durfte nicht bewusst werden, wer ihr Zimmer sauber
macht. Das alles ist heute nicht mehr zu fassen!

interessant, _____

_____

_____

_____

_____

_____

_____

→ **Wörter mit z und tz**

M

Wörter mit z

a) Nach einem **Konsonanten** schreibt man immer nur ein **z**: tanzen …

b) Nach einem **langen Vokal** und nach **au**, **äu**, **eu** und **ei** schreibt man auch **z**: reizen …

a) tanzen, stürzen, glänzen, pflanzen   **b) reizen, heizen, kreuzen, anschnauzen**

1 Bilde von jedem Verb aus der Reihe a) ein Nomen:

tanzen – der Tanz _____   _____

_____   _____

2 Bilde aus jedem Verb der Reihen a) und b) die er-, sie- oder es-Form:

tanzen – sie tanzt _____   _____

_____   _____

_____   _____

M

Wörter mit tz

Nach einem **kurzen Vokal** schreibt man immer **tz**: blitzen …

blitzen	kratzen
sitzen	verletzen
schmutzig	spitz
witzig	nützlich

3 Bilde zu jedem Verb die er-, sie- oder es-Form:

blitzen – es _____   _____

_____   _____

4 Bilde zu jedem Adjektiv aus Aufgabe 3 ein Nomen:

schmutzig – der _____   _____

_____   _____

5 Vervollständige die Sätze mit diesen Wörtern: **blitzt, jetzt, kurz, plötzlich, trotzdem.**

Es wird finster über den Bergen, _____ kommt ein Gewitter

auf. _____ _____ und donnert es mehrere Male _____

hintereinander. Wir wandern aber _____ weiter.

→ Wörter mit k und ck

Recht-
schreibung
Zeichen-
setzung

Wörter mit k

Nach einem **Konsonanten** schreibt man immer nur ein **k**: er**k**ran**k**en …

Nach einem **langen Vokal** und nach **au**, **äu**, **eu** und **ei** schreibt man auch **k**: st**rei**ken …

M

1 Entscheide, welches der folgenden Verben jeweils in die Lücken passt.

sich bedanken – erkranken – sich schminken – streiken – sich ekeln – winken

Sie _____ sich für die Hilfe. Er ist an Grippe _____ .

Sie _____ ihm aus dem Bus zu. Sie sitzt vor dem Spiegel und

_____ sich. Er will nicht mehr und _____ deshalb.

Sie _____ sich vor Spinnen.

Wörter mit ck

Nach einem **kurzen Vokal** schreibt man immer **ck**: ki**ck**en …

M

2 Setze die folgenden Wörter in die Zeilen ein.

zerhacken – kicken – spucken – wackeln – schick – verrückt – trocken – rückwärts

Er kann mit den Ohren _____ . Er kann auch _____ laufen.

Sie _____ sich die Haare. Sie macht sich _____ für die Party.

Er _____ den Ball ins Tor. Die Spieler schreien wie _____ .

Er _____ in die Hände und _____ das Holz mit dem Beil.

Päckchen – Trick –
Zweck – Kuckuck –
Schicksal – Dreck –
Macke – Stück –
Locken

3 Ordne diese Wörter nach dem Abc:

_____

_____

_____

M

→ **Nomen schreibt man groß**

Nomen

Nomen sind Wörter für **Lebewesen** (Menschen, Tiere, Pflanzen),
Dinge (Tisch, Auto, Schiff), **Gefühle** und **Gedanken** (Wut, Liebe, Friede, Jugend).
Nomen werden **großgeschrieben**.

1 Nomen kannst du oft daran erkennen, dass ein Artikel und ein Adjektiv
davor steht: der gute Freund – ein guter Freund.
Achtung: Im folgenden Text sind aber alle Nomen kleingeschrieben!
- Unterstreiche in den Sätzen die Artikel und Adjektive.
- Markiere dann die Nomen, die großgeschrieben werden müssen.

Nichts ist so wichtig wie ein guter freund.
Kommst du in eine schwierige situation, kann er dir helfen.
Weißt du nicht mehr weiter, ist ein guter rat von ihm hilfreich.
Hast du eine unvorsichtige tat vor, kann er dich warnen.
Kommst du in eine ausweglose lage, befreit er dich daraus.
Ein freundliches wort von ihm kann dich trösten.
Ein guter witz von ihm – und schon kannst du lachen!
Mit ihm kannst du ein spannendes spiel spielen
oder auch einmal eine kleine reise machen.
Natürlich trifft das alles auch auf eine gute freundin zu!

2 Schreibe nun jedes Nomen mit Artikel und Adjektiv noch einmal auf.

ein guter Freund,

3 Schreibe die Nomen mit **die** oder **eine** und mit einem Adjektiv auf:

die große Langeweile,

Langeweile,
Liebe, Angst,
Freundschaft

ewige, echte,
schreckliche,
große

→ Verben können zu Nomen werden

> **Verben können zu Nomen werden**
> Die Wörter schwimmen, rechnen, klettern, trainieren, üben sind Verben.
> Sie können als **Nomen** verwendet werden, wenn **das**, **beim**, **zum**, **vom** ... davor steht:
> **das** Schwimmen, **beim** Trainieren, **zum** Üben, **vom** Klettern, **im** Rechnen.

1 Füge passende Wörter aus dem Kasten in die Sätze ein.

Vom _____ taten ihr die Beine weh.

Im _____ ist sie besonders gut.

Das _____ auf dem Sportplatz fällt ihm leicht.

Beim _____ macht er manchmal Fehler.

Zum _____ nimmt sie sich viel Zeit.

2 Setze die folgenden Verben in die Zeilen ein.
Denke an die Großschreibung.

aussteigen   bremsen   einsteigen   hinsetzen   sitzen   stehen   warten

Fahren im Schulbus macht Spaß!

Schon das _____ auf den Schulbus ist nicht immer eine

große Freude. Beim _____ gibt es oft viel Gedränge,

weil jeder Schüler einen Platz zum _____

kriegen möchte. Das _____ im Bus kann manchmal ganz

schön gefährlich sein, besonders beim _____ .

Aber das _____ hindert die Schüler daran, beim

_____ der Erste zu sein.

3 Schreibe einige der Wörter richtig in die Zeilen hinein:

lesen   fernsehen   eislaufen   tauchen   träumen   segeln   turnen

zum _____   im _____

beim _____   vom _____

Recht-
schreibung
Zeichen-
setzung

→ Adjektive können zu Nomen werden

M

Adjektive können zu Nomen werden

Die Wörter gut, schön, neu, verrückt, interessant sind Adjektive.
Sie können als **Nomen** verwendet werden,
wenn **das**, **alles**, **etwas**, **nichts**, **manches**, **viel** ... davor steht:
das Beste, **alles** Gute, **etwas** Verrücktes, **viel** Neues,
nichts Besonderes, **manches** Interessante.

alt   besonders   beste
gut   interessant
neu   verrückt

1 Mache aus diesen Wörtern Nomen. Schreibe ein oder zwei
von ihnen in die leeren Zeilen hinein. Schreibe sie groß!

das _Alte, Beste,_ _____   etwas _Verrücktes,_ _____

nichts _____   viel _____

alles _____   manches _____

2 Setze in diesen Brief die Wörter aus Aufgabe 1 ein.

> Lieber Pitt,
>
> das _____ ist, du würdest einmal etwas ganz _____ machen.
>
> Dabei kannst du nämlich manches _____ erfahren.
>
> Vielleicht ist dann auch etwas _____ dabei.
>
> Auf jeden Fall wird es etwas ganz _____ sein,
>
> wenn du nicht immer nur das _____ wiederholst.
>
> Alles _____ –
>
> dein Patt

3 Schreibe die Wörter in Großbuchstaben richtig in die Zeilen hinein.

Unsere Speisen sind etwas nicht ALLTÄGLICHES _____.

Sie sind das KÖSTLICHSTE _____, was es in der guten

Küche gibt. Und sie sind das ALLERFEINSTE _____ für

unsere Gäste. Das BESTE _____ ist uns nämlich gerade gut genug.

→ Groß- und Kleinschreibung von Zeitangaben

Groß- und Kleinschreibung von Zeitangaben

M

1. Folgende Tageszeiten und Wochentage werden **großgeschrieben**:
   der Freitag, **am** Sonntag, **nächsten** Mittwoch, **eines** Nachts.

2. Folgenden Tageszeiten werden **klein-** und **großgeschrieben**:
   gestern Mittag, morgen Abend, heute Nacht.

3. Folgende Tageszeiten werden **kleingeschrieben**:
   heute, morgen, gestern, übermorgen; abend**s**, mittag**s**, sonntag**s** ...

---

1 Schreibe zu jeder Zeitangabe Beispiele auf:

der Freitag, _____   am _____

nächsten _____   eines _____

2 Schreibe auch hierzu Beispiele mit **Mittag, Abend, Nacht, Nachmittag** auf:

gestern Mittag, _____   morgen _____

heute _____   übermorgen _____

3 Trage die Zeitangaben in richtiger Groß- und Kleinschreibung in die Lücken ein.

Die Pechsträhne

Felix hat seit GESTERN _____ eine Pechsträhne.

Schon am MORGEN _____ hat ihn eine Wespe gestochen.

Er musste den Stich den ganzen VORMITTAG _____ über kühlen.

Er wollte am NACHMITTAG _____ ins Schwimmbad gehen.

Doch da fing es an zu regnen, und es regnete bis zum ABEND _____.

Als er ABENDS _____ nach Hause kam, war sein Kanarienvogel entflogen.

Er suchte ihn bis in die NACHT _____ hinein, aber ohne Erfolg.

Er schlief erst spät ein und hat am nächsten MORGEN _____ verschlafen.

Hoffentlich ist bis MORGEN _____ seine Pechsträhne vorüber!

Er muss nämlich MORGEN MITTAG _____ zum Wettkampf.

M

→ Getrennt- und Zusammenschreibung

Getrennt- und Zusammenschreibung

1. Folgende Wörter werden **getrennt** geschrieben:
   gar kein, **gar** nichts, **so** viele, **wie** viele, **zu** viel, **auf** einmal, **manches** Mal.

2. Folgende Wörter werden zusammengeschrieben:
   irgendwo, **manch**mal, **hin**fallen, **hinein**fallen, **rein**fallen, **heraus**kommen.

1 Trage die Wörter richtig in die Zeilen ein. Viele davon findest du im Merkkasten.

Geburtstagsfeier

Ich weiß nicht wie / viele _____ Gäste zu meiner Geburtstagsfeier

kommen werden. Ich habe nämlich gar / keine _____ Einladungen

verschickt. Es werden hoffentlich nicht zu / viele _____ werden!

Aber man kann auch ganz schön rein / fallen _____. Wenn alle

her / kommen _____, die davon gehört haben, dann könnten

es auf / einmal _____ fünfzig Gäste werden!

Noch gar / nicht _____ weiß ich, wo wir feiern. Irgend / wo

_____ werden wir uns schon treffen. Ich denke manch / mal

_____, wir sollten uns im Steinbruch treffen. Dort könnten

wir herum / toben _____, ohne dass uns jemand stört.

Doch da braucht nur jemand den steilen Abhang, den es dort gibt, herunter / zu / fallen

_____, und was dann? Irgend / wie

_____ ist mir das unheimlich. Vielleicht ist es doch besser,

wenn wir bei uns im Garten zusammen / kommen _____.

2 Auch mit dem Wörtchen **zu** in der Mitte werden diese Wörter zusammengeschrieben.
Schreibe die Wörter auf.
weggehen   abfahren   hinausgehen   herunterkommen   zusammenkommen

<u>Wir haben versprochen ... wegzugehen,</u> _____

_____

→ Das Komma zwischen Hauptsätzen

M

Das Komma zwischen Hauptsätzen

Wenn zwei Hauptsätze miteinander verbunden werden, dann steht vor den Wörtern **aber, denn, oder, sondern** ein Komma – oft auch vor dem Wort **und**:
Ich konnte nicht kommen, **denn** ich war krank.

1 Mache aus zwei Sätzen immer einen Satz.
Verbinde sie mit den Wörtern, die rechts angegeben sind.
Vergiss das Komma nicht!

Einmal fuhren wir nach Helgoland. Wir wollten eine Schifffahrt machen. **denn**

_____

_____

Erst war das Wetter gut. Dann kam ein Sturm auf. **aber**

_____

_____

Sollten wir oben auf dem Deck bleiben? Sollten wir nach unten gehen? **oder**

_____

_____

Ich bin eigentlich nicht ängstlich. Ich traue mich eher was. **sondern**

_____

_____

Doch dann kriegte ich Angst. Das Schiff schaukelte fürchterlich. **denn**

_____

_____

Trotzdem blieb ich oben an Deck. Ich hatte viel Spaß an dem Sturm. **und**

_____

_____

→ Das Komma zwischen Hauptsatz und Nebensatz

M

Das Komma zwischen Hauptsatz und Nebensatz

Wenn ein Hauptsatz mit einem Nebensatz verbunden wird, dann steht vor
den Verbindungswörtern **als, bevor, dass, nachdem, obwohl, sodass,
während, weil, wenn** ein Komma: Wir waren froh, **als** wir endlich ankamen.

1 Jeder Satz in diesem Text besteht aus einem Hauptsatz und einem
Nebensatz. Markiere die Verbindungswörter. Setze das Komma ein.

Flugangst

Ich hatte ein bisschen Angst als ich das erste Mal in ein Flugzeug
steigen sollte. Schon auf dem Flughafen war mir schlecht geworden
sodass ich ganz blass wurde. Meine Mutter sah mir das auch an
während wir auf die Abfertigung warteten. Sie holte mir etwas
zu trinken bevor wir durch die Sperre gingen. Mir ging es erst
wieder besser als wir dann im Flieger saßen. Dann fand ich es
richtig toll als wir über den Wolken flogen. Ich schaute aus
dem Fenster sodass ich die Landschaft unter mir sehen konnte.
Ich fühlte mich super obwohl ich doch am Anfang Angst gehabt
hatte. Fliegen ist das Schönste wenn man es erst einmal erlebt hat.

2 Manchmal stehen die Verbindungswörter am Anfang des Satzes.
Dann musst du darauf achten, an welcher Stelle der Nebensatz zu Ende ist.
Wenn du dir die Sätze vorliest, merkst du es daran, wo du eine Pause machst.
Setze der Reihe nach die Verbindungswörter **als, nachdem, als, während,
obwohl, wenn** ein. Trage auch hier die Kommas ein.

Flugangst

<u>Als</u> _____ ich das erste Mal in ein Flugzeug steigen sollte, war mir

richtig schlecht. _____ wir durch die Sperre gegangen waren

habe ich noch ein Glas Wasser getrunken. _____ wir dann

aber im Flieger saßen ging es mir schon besser. _____

wir über die Wolken flogen fand ich es richtig toll. _____

ich doch am Anfang Angst gehabt hatte fühlte ich mich nun richtig gut.

_____ man es erst einmal erlebt hat ist Fliegen das Schönste.

→ **Nebensätze mit dass**

Nebensätze mit dass

Wenn in einem Hauptsatz eines dieser Verben steht, dann folgt oft ein Nebensatz mit **dass**:
glauben, denken, meinen, wissen, hoffen.

Vor dem Wörtchen **dass** steht ein Komma:
Ich hoffe, **dass** wir das Spiel gewinnen.

1 Setze in die folgenden Sätze die Verben ein, die am Rand stehen.
Füge dann das Komma und das Wörtchen **dass** hinzu.

Uhr verloren

Ich _____ _____ ich meine Uhr verloren habe.   **glauben**

Ich _____ _____ ich sie vor dem Sport noch gehabt habe. **meinen**

Ich _____ _____ ich sie beim Umziehen abgemacht habe. **wissen**

Ich _____ _____ sie noch irgendwo auf einer Bank liegt. **denken**

Ich _____ _____ sie jemand gefunden und abgegeben hat. **hoffen**

2 Setze auch hier die Verben, die Kommas und das Wörtchen **dass** ein.

Bewegung und Essen

Manche _____ _____ Sport dem Körper gut tut.   **meinen**

Andere _____ _____ zu viel Bewegung krank machen kann. **glauben**

Immer wieder kann man _____ _____ zu fettes Essen dick macht. **hören**

Die meisten _____ _____ das auch wirklich stimmt.   **wissen**

Aber sie _____ _____ Rumsitzen und Futtern ihnen nicht schadet. **hoffen**

Wer _____ schon _____ er etwas falsch machen könnte?   **fürchten**

→ **Die Zeichen der wörtlichen Rede**

M

Die Zeichen der wörtlichen Rede

Die wörtliche Rede steht in Anführungszeichen.
Davor kann ein Begleitsatz mit einem Doppelpunkt stehen:
Sophie sagt: „Ich möchte nichts essen."

Manchmal steht der Begleitsatz auch nach der wörtlichen Rede.
Dann steht ein Komma zwischen der wörtlichen Rede und dem Begleitsatz:
„Ich möchte nichts essen", sagt Sophie.

1 In diesem Witz fehlen alle Anführungszeichen. Setze sie ein.

Zwei Hunde kommen zum ersten Mal in die Großstadt. Erstaunt betrachten
sie die Parkuhren.   Was das wohl ist? , fragt der eine. Da sagt der andere:
Ist doch klar! Hier verlangen sie Klogebühren von uns!

2 Im folgenden Witz fehlen die Doppelpunkte und die Punkte. Setze sie ein.

Der kleine Holzwurm bittet   „Mama, bitte, ich mag kein Teakholz, das ist
so hart " Die Mutter sagt   „Iss, Kind! Das ist gut für die Zähne "

3 Setze im nächsten Witz alle Anführungszeichen, Doppelpunkte und Punkte ein.

Eine Katze und eine Maus kommen in eine Bäckerei
Die Maus sagt   Ich möchte gerne ein Stück Pflaumenkuchen mit Sahne
Und sie   fragt die Verkäuferin die Katze
Ich möchte nur einen Klacks Sahne auf die Maus   antwortet die Katze

4 In diesem Witz stehen einige Zeichen an falscher Stelle. Unterstreiche
die beiden Stellen und schreibe den Witz mit richtigen Satzzeichen auf.

Ein Mann und ein Hund spielen im Park Schach. Sagt ein Mann: „Sie haben einen
klugen Hund". Darauf sagt der Hundebesitzer: „Wieso? Der verliert doch dauernd"!

_____

_____

_____

→ Adjektive

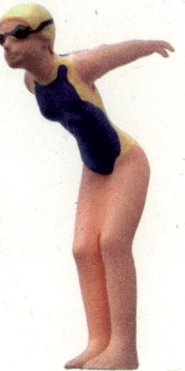

Adjektive

Mit **Adjektiven** können wir genauer sagen, **wie** etwas **ist** und **geschieht**:
Das Mädchen ist eine gute Schwimmerin – Das Mädchen schwimmt gut.

Adjektive kann man daran erkennen, dass sie **zwischen** einem **Artikel**
und einem **Nomen** stehen können:
Die vielen / schönen / bunten / verrückten **Dinge** liegen auf dem Tisch.

1 Probiere aus, welche Wörter zwischen **die** und **Dinge** stehen können.
Diese Wörter sind Adjektive. Markiere sie und schreibe sie in die Zeilen.
Zwei Wörter passen nicht!

albern bekannt durchsichtig fett gern kaputt lieb neu oft putzig rund

Die _____

_____ Dinge liegen auf dem Tisch.

2 Setze in den Text passende Adjektive ein. Wähle aus dieser Sammlung aus:

weiße	glatte	langes	trocken
laut	wild	warme	dicht
fest	schwarzen	vorsichtig	pudelnass

Gestern war ich mit meinem _____ Hund Wanja am Kanal. Eine

_____ Eisdecke lag über dem Wasser. Plötzlich rannte Wanja los

und schlitterte ein Stück auf das Eis hinaus. Ich rief ihn zurück, weil ich dachte,

dass das Eis noch nicht _____ genug ist. Doch so _____

ich auch schrie, er hörte nicht auf mich. Ich selbst traute mich aber nicht auf

das _____ Eis. Auf einmal war Wanja eingebrochen und pad-

delte wie _____ in einem Wasserloch herum. Zum Glück fand ich ein

_____ Brett am Ufer. Ich schob es _____ auf das Eis

hinaus, bis es _____ an Wanja heranreichte. Der kam auch tatsächlich

mit den Vorderbeinen heran und stützte sich auf das Brett. Ich zog ihn an Land. Er war

_____ und zitterte. Ich nahm ihn hoch und rieb ihn _____

Dann zog ich ihm meine _____ Jacke über und lief mit ihm nach Hause.

→ Die Steigerung der Adjektive

M

Die Steigerung der Adjektive

Die meisten Adjektive lassen sich **steigern**. Dabei unterscheidet man:

Grundstufe: Ich kann genauso <u>schnell</u> laufen **wie** du.

Steigerungsstufe: Ich kann <u>schneller</u> laufen **als** du.

Höchststufe: Ich kann <u>am schnellsten</u> laufen.

Viele Adjektive bekommen bei der Steigerung eine Form mit **ä, ö, ü**:

nah – n**ä**her – am n**ä**chsten, groß – gr**ö**ßer – am gr**ö**ßten, jung – j**ü**nger – am j**ü**ngsten

hoch stark gesund klug scharf alt hart kalt

1 Schreibe diese Adjektive so auf.

Alle Steigerungsformen werden mit **ä, ö** oder **ü** gebildet.

<u>hoch</u>   <u>höher</u>   <u>am höchsten</u>

_____ _____ _____

_____ _____ _____

_____ _____ _____

_____ _____ _____

_____ _____ _____

_____ _____ _____

_____ _____ _____

2 Setze in die Lücken die Wörter **wie** oder **als** ein.

Gestern waren mehr _____ 20 000 Zuschauer im Stadion. Das sind doppelt so

viele _____ beim letzten Spiel. Unsere Fußballbegeisterung ist so groß _____

in allen anderen Clubs. Und die Sprechchöre sind so laut _____ in den meisten

anderen Stadien. Aber sie sind viel witziger _____ sonst üblich. Unsere Mann-

schaft aber spielt bald besser, bald schlechter _____ andere Teams. Wenn sie

weiter so gut spielt _____ in den letzten Spielen, dann steigt sie nicht ab. Dann

müsste aber unser Torwart sicherer sein _____ in den letzten Spielen.

Sprache und Sprachgebrauch

→ Wortfelder: Adjektive

Wortfeld

In einem **Wortfeld** stehen Wörter, die etwas **Ähnliches** bedeuten:
gut, ausgezeichnet, cool ... – schlecht, fies, furchtbar, mies, schrecklich ...
Wer viele Wörter eines Wortfeldes kennt, kann sich **genauer ausdrücken**.

M

Das Wortfeld „gut":

ausgezeichnet gekonnt
großartig gut herrlich
hervorragend prächtig
prachtvoll sehr gut vortrefflich
vorzüglich wunderbar

Das Wortfeld „schlecht":

entsetzlich furchtbar fürchterlich
grässlich grauenhaft grauenvoll
mangelhaft miserabel
niederschmetternd schlecht
schlimm schrecklich

1 Setze in die folgenden Zeilen passende Wörter ein.
Wähle Wörter aus den beiden Wortfeldern oben aus.

a) Das Essen schmeckte so _____, dass es ein Genuss war.

b) Der Torwart hielt den Elfmeter in _____ Art und Weise.

c) Die Schülerin freute sich über ihre _____ Klassenarbeit.

d) Das Wetter auf unserem Ausflug war zuerst _____, dann aber

e) schien die Sonne, und es wurde ein _____ Tag.

f) Wir hatten vom Rathausturm aus eine _____ Aussicht über die Stadt.

g) Der Geruch von Harzer Käse ist ziemlich _____,

h) aber sein Geschmack ist _____.

i) Sie war während ihrer Krankheit in einer _____ Stimmung,

j) doch als sie wieder gesund war, fühlte sie sich _____.

k) Er beweist im Sport immer wieder _____ Leistungen,

l) doch seine mathematischen Kenntnisse sind _____.

→ Zeitformen: Präsens – Präteritum

Zeitformen

Mit dem **Präsens** bezeichnen wir etwas, was in der **Gegenwart** abläuft:
Ich schaue aus dem Fenster und sehe: Es regnet gerade.

Mit dem **Präsens** bezeichnen wir aber auch etwas, was **immer** so ist:
Immer wenn es regnet, dann erholen sich viele Pflanzen.

Mit dem **Präteritum** schreiben wir über etwas, was in der **Vergangenheit** stattfand:
Gestern zogen Wolken über das Land, und es regnete den ganzen Tag.

1 Setze die Wörter, die rechts stehen,
im Präsens oder im Präteritum in die Zeilen ein.

Einkaufen früher und heute

Früher _____ man seine Lebensmittel in einem Geschäft.   **kaufen**

Man _____ solche Geschäfte „Tante-Emma-Läden".   **nennen**

Heute _____ man in einem Supermarkt einkaufen.   **gehen**

Man _____ die Sachen im Einkaufswagen.   **stapeln**

Früher dagegen _____ die Verkäuferin die Sachen in Tüten ein.   **packen**

Die Milch _____ sie damals noch in eine Milchkanne.   **füllen**

Heutzutage _____ es Milch in Flaschen oder Tüten.   **geben**

Früher _____ die Verkäuferin die Waren auf den Tresen.   **stellen**

Man _____ dann alles in ein Einkaufsnetz.   **legen**

Heute _____ es dafür Plastikbeutel.   **geben**

Das _____ der Umwelt gar nicht gut!   **bekommen**

Früher _____ man sich zum Einkaufen anstellen.   **müssen**

Heute _____ sich nur noch an der Kasse lange Schlangen.   **bilden**

Ob den Menschen früher das Einkaufen besser

_____ als heute?   **gefallen**

Man _____ es nicht mehr.   **wissen**

Was heute aber noch so ist wie früher: Bezahlen _____ man immer.   **müssen**

→ Zeitformen: Präteritum und Perfekt

M

Perfekt und Präteritum:

Das **Präteritum** von Verben besteht aus einer **einzigen** Wortform:
holte, schrieb, lachte – kam, ging, fiel.

Das **Perfekt** besteht aus **zwei** Wortformen. Es wird mit **hat** oder **ist** gebildet:
hat geholt, hat geschrieben, hat gelacht – ist gekommen, ist gegangen, ist gefallen.

Das **Präteritum** verwenden wir eher, wenn wir **schreiben**.
Das **Perfekt** gebrauchen wir eher, wenn wir **sprechen**.

1 In den wörtlichen Reden steht, was einer spricht. Da passt oft besser das Perfekt.
Schreibe die wörtlichen Redesätze im Perfekt in die Leerzeilen.

Die Zoobesucherin rief einem Mann zu: „Sahen Sie, was da eben passierte?"

„Haben Sie _____

Der Mann antwortete: „Ich bemerkte nichts."

_____

Die Frau zeterte empört: „Na, der Affe nahm mir meinen Notizzettel weg!"

_____

Der Mann antwortete: „Las er denn auch, was Sie schrieben?"

_____

2 Forme den Text ins Perfekt um, dann wird ein Gedicht daraus.

Die Kaufhausdiebin

Eine Frau, die genierte sich nicht,   Eine Frau, die _____ sich nicht _____.

sie probierte drei Blusen an.   sie _____ drei Blusen _____.

Die eine wählte sie aus.   Die eine _____ sie _____.

Ihr fehlte jedoch das Geld.   Ihr _____ jedoch das Geld _____.

Sie zog sie unters Kleid   Sie _____ sie unters Keid _____

und betrog so den Laden fast.   und _____ so den Laden fast _____.

Natürlich ging das schief.   Natürlich _____ das schiefgegangen.

Man fing sie an der Tür.   Man _____ sie an der Tür _____.

→ Zeitformen in einen Text einsetzen

M

Überblick über die drei wichtigsten Zeitformen

Präsens: ich **schlafe**   ich **wache auf**
Perfekt: ich **habe geschlafen**   ich **bin aufgewacht**
Präteritum: ich **schlief**   ich **wachte auf**

1   Schreibe die Verben in den angegebenen Zeitformen in die Zeilen.

Gestern (**gehen**) _____ ich so durch die Stadt.
                                 Präteritum

Da (**treffen**) _____ ich doch plötzlich meinen alten Freund Tobias.
                        Präsens

„Wir (**sehen**) _____ uns lange nicht mehr _____",
                 Perfekt

sagte ich. Wir (**setzen**) _____ uns auf eine Bank.
                        Präteritum

Ich fragte: „Wie (**gehen**) _____ es dir denn so? Was (**geben**) _____
                        Präsens   Präsens

es bei dir Neues?"

Er antwortete: „Ach, wir (**ziehen**) _____ demnächst nach Dortmund."
                                    Präsens

Ich fragte: „Dir (**gefallen**) _____ es wohl hier auf dem Dorf nicht
                         Perfekt

_____?"

„Doch, aber meine Mutter (**bekommen**) _____ dort eine neue Stelle."
                                    Präsens

Ich sagte: „Deiner Freundin (**gefallen**) _____ das sicher nicht."
                                   Präsens

„Die (**verlieben**) _____ sich längst in einen anderen _____",
                     Perfekt

sagte Tobi. Und er fügte hinzu: „Wenn wir (**umziehen**) _____,
                                                           Perfekt

dann (**mailen**) _____ ich dir mal, wie es mir geht."
                          Präsens

Ich sagte: „Und ich (**besuchen**) _____ dich mal,
                                  Präsens

wenn die Ferien (**anfangen**) _____."
                                    Perfekt

→ Aktiv und Passiv

Aktiv und Passiv

In einem Aktivsatz wird in der Regel ein „Täter" genannt:
<u>Reifenstecher</u> beschädigten Autos.

In einem Passivsatz kann der „Täter" weggelassen werden:
Autos wurden (von Reifenstechern) beschädigt.

Das Passiv wird mit **wird**, **werden**, **wurden** gebildet:
Sie **wurden** bisher nicht **gefunden**.

1 Schreibe in die Leerzeilen die fettgedruckten Verben im Passiv hinein.

Reifenstecher gesucht

Unbekannte **durchstachen** in Bergstadt Reifen geparkter Autos.

<u>In Bergstadt wurden Reifen geparkter Autos</u> _____ .

Die Besitzer **bemerkten** die platten Reifen meist erst beim Fahren im Straßenverkehr.

<u>Die platten Reifen</u> _____ <u>meist erst beim Fahren</u>

<u>im Straßenverkehr</u> _____ .

Dadurch **verursachten** die Fahrer dann oft Unfälle.

<u>Dadurch</u> _____ <u>dann oft Unfälle</u> _____ .

Deswegen sollten Fahrer die Autos vor dem Einsteigen **kontrollieren**.

<u>Deswegen sollten die Reifen vor dem Einsteigen</u> _____

_____ .

Bürger von Bergdorf **meldeten** der Polizei bisher zwölf solcher Fälle.

<u>Bisher</u> _____ <u>zwölf solcher Fälle</u> _____ .

Die Polizei **fordert** die Bürger der Stadt auf, auf Verdächtige zu achten.

<u>Die Bürger der Stadt</u> _____ .

<u>auf Verdächtige zu achten.</u>

Leider konnte die Polizei die Täter bisher nicht **fassen**.

<u>Leider konnten die Täter bisher nicht</u> _____ .

→ Konjunktiv II – Verbformen üben

Konjunktiv II

Die Formen des **Konjunktivs II** werden von den Formen des **Präteritums** abgeleitet.
Aus einem **a** wird dabei oft ein **ä**:
bleiben – ich blieb – ich bliebe; finden – ich fand – ich fände.

1 Bilde von den folgenden Verben die Formen im Präteritum
und im Konjunktiv II.

Grundform	Präteritum	Konjunktiv II
bleiben	ich blieb	Ich bliebe gern hier.
finden	ich fand	Ich _____ es gut, wenn du kämst.
geben	_____	Ich _____ dir gern etwas ab.
gehen	_____	Ich _____ gern etwas später.
haben	_____	Ich _____ gern eine Tüte Pommes.
kommen	_____	Ich _____ gern etwas früher.
lassen	_____	Ich _____ dich ja gern Ruhe.
müssen	_____	Ich _____ das eigentlich tun.
nehmen	_____	Ich _____ gern noch etwas davon.
schlafen	_____	Ich _____ gern noch etwas länger.
schreiben	_____	Ich _____ gern einmal eine Eins.
sitzen	_____	Am liebsten _____ ich neben dir.
sein	ich war	Ich _____ am liebsten weg!
tun	_____	Ich _____ gern etwas Besseres.
werden	_____	Ich _____ das gern tun.

→ Adverbien

Adverbien

Adverbien geben an,

- **wann** etwas geschieht: einmal, dann, danach, gestern, heute, morgen, nachher, soeben, sofort, zuerst …
- **wo** etwas geschieht: draußen, hier, oben, unten …
- **warum** etwas geschieht: deswegen, nämlich …
- **wie** etwas geschieht: besonders, gern …

M

1 Setze die Adverbien aus dem Kasten in die leeren Zeilen ein.
Jedes Adverb kommt einmal vor!

Hi, Maren,

wir sind _____ im Schullandheim angekommen.

Ich will dir _____ schreiben, wie es mir geht.

_____ war ich ja etwas enttäuscht von dem Heim.

Es roch _____ so muffig.

Ich habe _____ das Fenster aufgerissen.

_____ fühlte ich mich besser.

Und _____ habe ich mich an den Geruch gewöhnt.

Ich bin _____ mit Steffi in einem Zimmer untergebracht.

Im Etagenbett schläft sie _____ über mir, und ich schlafe _____.

Das gefällt mir _____ so gut,

weil ich schneller _____ sein kann.

Es soll _____ vier Stunden Unterricht geben.

Am Nachmittag wollen wir _____ die Umgebung erkunden.

_____ kommt gerade Steffi zur Tür herein.

Wir wollen _____ ins Dorf shoppen gehen.

Das mögen wir _____ _____.

Liebe Grüße von Muna

→ **Präpositionen**

M

Präpositionen

Präpositionen sind Wörter wie: auf, durch, für, hinter, in, mit, nach, unter, von, vor, zwischen, zu.

In Sätzen kommen sie so vor: Vor mir und hinter mir ist keiner zu sehen.

1 Setze die Präpositionen aus dem Kasten in den Text ein.
Jede Präposition kommt einmal vor!

Kater und Hund

Ein hoher Baum steht _____ unserem Haus.

Der ist _____ unseren Kater schon manchmal die letzte Rettung gewesen.

Auch gestern. Der Kater kletterte ängstlich _____ den Baum hinauf,

denn _____ dem Baum rannte unser Hund umher.

Der Kater saß oben _____ den Ästen und blickte herunter.

Der Hund sah _____ dem Kater hoch und wartete.

Doch _____ einigen Minuten wurde es ihm zu langweilig.

Er verschwand wieder _____ seiner Hütte _____ der Garage.

Und da sprang der Kater _____ einem Sprung wieder _____ dem Baum

herunter. Er rannte _____ den Garten – und weg war er.

2 Ergänze die folgenden Sätze durch **dem**, **den** oder **einem**, **einen**:

Der Kater kletterte auf _____ Baum. Dann saß er auf _____ Baum.

Er legte sich auf _____ Ast. Dann lag er auf _____ Ast.

Der Hund blickte zu _____ Kater hinauf. Der Kater blickte

auf _____ Hund herab.

Dann lief der Hund in _____ Stall. Nun lag er in _____ Stall.

→ Konjunktionen

M

Konjunktionen

Mit Konjunktionen können Wörter und Sätze **verbunden** werden:
Der Berg ist schon von Weitem zu sehen, <u>denn</u> auf seinem Gipfel steht ein Turm.

Die am häufigsten gebrauchten Konjunktionen sind:
aber, als, dass, denn, obwohl, oder, sodass, und, weil, wenn

1 Schreibe in die leeren Zeilen jeweils eine der beiden Konjunktionen hinein.

a) aber/obwohl

Anna sollte zum Schwimmen gehen, _____ sie hatte überhaupt keine Lust.

Anna sollte zum Schwimmen gehen, _____ sie überhaupt keine Lust hatte.

b) denn/weil

Mein Bruder muss heute noch üben, _____ er schreibt morgen eine Arbeit.

Mein Bruder muss heute noch üben, _____ er morgen eine Arbeit schreibt.

c) und/sodass

Alex hatte sich beim Laufen verletzt, _____ er kam als Letzter ins Ziel

Alex hatte sich beim Laufen verletzt, _____ er als Letzter ins Ziel kam.

d) oder/wenn

Ich sehe heute Abend Fußball, _____ ich schaue mir doch lieber den Krimi an.

Ich sehe heute Abend Fußball, _____ ich mir nicht doch lieber den Krimi

anschaue.

e) obwohl/weil

Ich kann dich leider nicht besuchen, _____ ich eine leichte Erkältung habe.

Ich habe heute ein bisschen trainiert, _____ ich eine leichte Erkältung hatte.

Sprache und Sprachgebrauch

→ Satzglieder umstellen – einen Text verbessern

M

Umstellen von Satzgliedern

Durch Umstellen von Satzgliedern kann man den Sätzen in einem Text oft einen besseren Zusammenhang geben:

Ich saß im Zug und träumte. Ich hörte <u>plötzlich</u> Schüsse.
Ich saß im Zug und träumte. <u>Plötzlich</u> hörte ich Schüsse.

1 Verbessere den folgenden Text. Schreibe die unterstrichenen Satzglieder immer an den Satzanfang.

Eisenbahnüberfall um 1900

Letzte Woche nahm ich den Zug nach San Francisco.

Ich sah <u>gut gelaunt</u> aus dem Fenster.

_____ sah ich aus dem Fenster.

Der Zug bremste <u>plötzlich</u> mit kreischenden Rädern ab.

_____ bremste der Zug mit kreischenden Rädern ab.

Von Schüssen und lautem Geschrei wurde <u>die Stille</u> zerfetzt.

_____ von Schüssen und lautem Geschrei zerfetzt.

Wilde Gesellen ritten <u>schreiend</u> am Zug entlang.

_____ am Zug entlang.

Einige drängten <u>schon</u> ungestüm in die Abteile hinein.

_____ ungestüm in die Abteile hinein.

Ich musste <u>auf ihren Befehl hin</u> meine Geldbörse abgeben.

_____ ich meine Geldbörse abgeben.

Es erging <u>allen anderen Passagieren</u> genauso wie mir.

_____ erging es genauso wie mir.

Die Räuber waren <u>kurz darauf</u> wieder verschwunden.

_____ wieder verschwunden.

Wir waren <u>zum Glück</u> alle am Leben geblieben.

_____ .

→ Sätze besser miteinander verbinden

M

> ## Sätze miteinander verbinden
> Manchmal fangen Schreibende jeden Satz mit demselben Satzglied an.
> In einem Text ist aber jeder Satz eine **Antwort** auf den vorausgehenden Satz.
> Ganz **vorn** im Satz steht meistens ein Satzglied, das an den vorausgehenden
> Satz **anschließt**. Auf diese Weise entsteht ein gut **zusammenhängender** Text.

1 In diesem Text fangen alle Sätze mit **wir** an. Das wirkt langweilig.
Verbessere den Text, indem du immer ein anderes Satzglied
an den Anfang verschiebst.

Im Zoo

Wir waren mit unseren Eltern am Sonntag im Zoo.

Am Sonntag _____ _mit unseren Eltern im Zoo._

Wir sahen uns zuerst die Giraffen und Nashörner an.

_____ _die Giraffen und Nashörner an._

Wir gingen danach zu den Löwen.

_____ _._

Wir hörten den männlichen Löwen tatsächlich laut brüllen.

_____ _hörten wir den männlichen Löwen laut brüllen._

Wir kamen auf dem weiteren Weg bei den Wölfen vorbei.

_____ _bei den Wölfen vorbei._

Wir konnten dabei an der Fütterung teilnehmen.

_____ _teilnehmen._

Wir erlebten auf einer großen Wiese eine Flugschau.

_____ _erlebten wir eine Flugschau._

Wir hörten über unseren Köpfen die mächtigen Geier rauschen.

_____ _hörten wir über unsere Köpfen rauschen._

Wir fanden aber die Vorführung der Seehunde am besten.

_____ _die Vorführung der Seehunde._

→ Die Bedeutung von Wörtern mit dem Wörterbuch klären

1 Wenn man ein Wort nicht kennt, kann man es in einem Lexikon
oder in einem Wörterbuch nachschlagen.
Unten siehst du einige Wörter, die für dich vielleicht neu sind.

- Finde ihre Bedeutung mit deinem Wörterbuch heraus
  und kreuze das richtige Ergebnis an.
- Schreibe auch die Seitenzahl dazu, auf der du
  das Wort im Wörterbuch gefunden hast.

Kajak (Seite _____)

- Schminkstift
- Paddelboot
- Grünpflanze

Fondue (Seite _____)

- Gericht aus Fleisch und Käse
- Rennstrecke bei der Formel 1
- anderes Wort für „Freundlichkeit"

Kolonie (Seite _____)

- Bauchkrämpfe
- Siedlung
- Eintopf mit Klößen

Argument (Seite _____)

- fester Boden, auf dem ein Haus steht
- Waren in einem Geschäft
- anderes Wort für „Grund"

2 In der nächsten Aufgabe findest du zunächst die Bedeutung eines Wortes.

- Für welches Wort gilt die Beschreibung? Schlage im Wörterbuch nach.
- Kreuze das richtige Ergebnis an.
- Schreibe auch die Seitenzahl dazu, auf der du das Wort
  im Wörterbuch gefunden hast.

Sportpreis (Seite _____)

- Pokal
- Choral
- Portal

Raubfisch (Seite _____)

- Salmonelle
- Sardelle
- Forelle

männliches Pferd (Seite _____)

- Eber
- Hengst
- Bulle

Vorhersage (Seite _____)

- Show
- Hypnose
- Prognose

→ **Schwierige Wörter üben**

1 In der folgenden Wörterliste siehst du Wörter, die oft falsch geschrieben werden. Mit ein bisschen Übung wird es dir gelingen, dir die richtige Schreibung zu merken. Schau dir die Wörter zunächst in Ruhe durch.

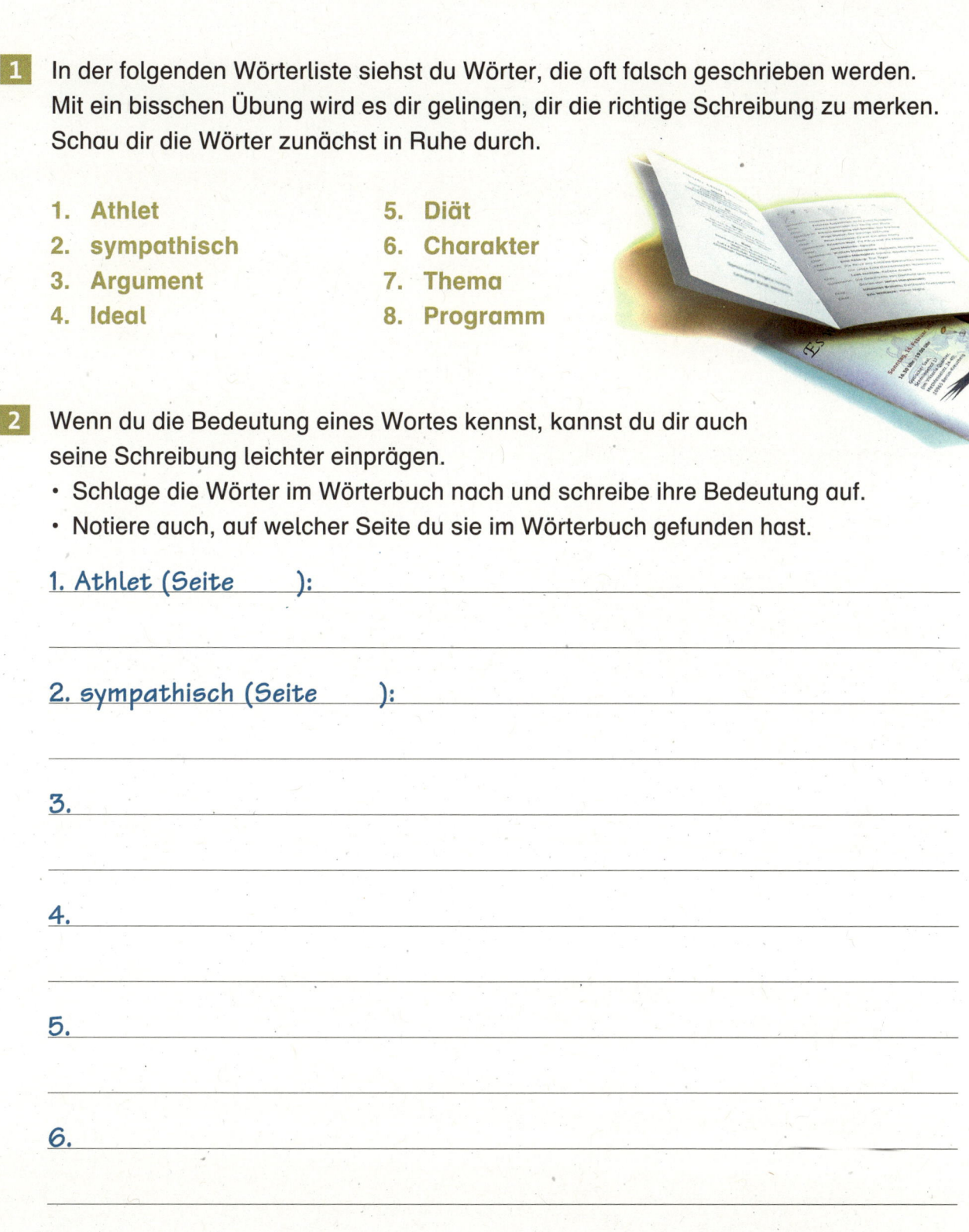

1. Athlet
2. sympathisch
3. Argument
4. Ideal

5. Diät
6. Charakter
7. Thema
8. Programm

2 Wenn du die Bedeutung eines Wortes kennst, kannst du dir auch seine Schreibung leichter einprägen.

• Schlage die Wörter im Wörterbuch nach und schreibe ihre Bedeutung auf.
• Notiere auch, auf welcher Seite du sie im Wörterbuch gefunden hast.

1. Athlet (Seite   ): _____

_____

2. sympathisch (Seite   ): _____

_____

3. _____

_____

4. _____

_____

5. _____

_____

6. _____

_____

7. _____

_____

8. _____

_____

3 Nimm jetzt einen roten Stift und kreise damit die Stellen ein,
die dir beim Schreiben Probleme bereiten, z. B. das **th** in Athlet.

4 Schreibe die Wörter nun noch einmal nach dem Abc geordnet auf.
Achte dabei auf die schwierigen Stellen.

_____

_____

_____

_____

5 Suche aus der Wörterliste (Aufgabe 1) alle **Nomen** heraus.
Schreibe sie mit dem passenden Artikel auf.
Ergänze auch die Pluralform.

der Athlet – die Athleten _____

_____

_____

_____

6 Suche nun für jedes Wort mindestens zwei verwandte Wörter
aus dem Wörterbuch heraus. Verwandte sind Nomen, Verben
und Adjektive mit dem gleichen **Wortstamm**.
Die Verwandten von der **Athlet** sind zum Beispiel
→ die **Athlet**in und → **athlet**isch.

1. Athlet: _____

2. sympathisch: _____

3. _____

4. _____

5. _____

6. _____

7. _____

8. _____

7 Wörter werden selten allein benutzt. Meistens begegnen sie uns in Sätzen. Schreibe nun Sätze mit den Lernwörtern von Seite 125 (Aufgabe 1).

Ein Athlet ist ein sportlicher Mensch. Der Athlet nimmt an einem Wettkampf teil.

_____

_____

_____

_____

_____

_____

_____

_____

_____

_____

_____

_____

_____

8 Suche dir einen Partner. Lass dir die Lernwörter nun mit Artikel diktieren. Kontrolliere anschließend, ob du alles richtig gemacht hast.

_____

_____

_____

_____

Quellen

Texte

Seite 12: Interview mit dem Tierpfleger Sergei. Informationen zum Beruf
„Tierpfleger / in der Fachrichtung Zoo" nach: BERUFENET Steckbrief. Bundesagentur für Arbeit

Seite 37–38: Die drei Wünsche (leicht verändert). Nach einem Volksmärchen aus den Pyrenäen. Nach:
Französische Volksmärchen. Hrsg. von Ré Soupault. Eugen Dietrichs Verlag. Düsseldorf / Köln 1963

Seite 40: Brüder Grimm: Der alte Großvater und der Enkel (leicht verändert). Nach: Brüder Grimm:
Kinder- und Hausmärchen. Märchen Nr. 1–86: Band 1. Philipp Reclam junior GmbH & Co. KG.
Stuttgart 1986

Seite 42: Brüder Grimm: Die Sterntaler (leicht verändert). Nach: Brüder Grimm: Kinder- und Hausmärchen.
Märchen Nr. 87–200: Band 2. Philipp Reclam junior GmbH & Co. KG. Stuttgart 1986

Seite 62–70: Erich Kästner: Die Konferenz der Tiere (Auszüge). Aus: Ders.: Die Konferenz der Tiere.
Mit Illustrationen von Walter Trier. Cecilie Dressler Verlag, Hamburg. Atrium Verlag, Zürich.
© Atrium Verlag, Zürich 1990. Seite 5–40

Seite 73: Der Rattenfänger von Hameln. Nach einer Volksballade. Aus: Otfried Preußler, Heinrich Pleticha:
Das große Balladenbuch. K. Thienemanns Verlag. Stuttgart / Wien 2000

Seite 76: Hansgeorg Stengel: Die Geschichte vom fernsehverrückten Frank. Aus:
Hansgeorg Stengel, Karl Schrader (Illustrationen): So ein Struwwelpeter.
Der Kinderbuchverlag. Berlin 2009

Seite 78–79: Heinrich Hoffmann von Fallersleben: Der Reiher. Aus: Ein Gärtlein weiß ich noch auf Erden.
Hrsg. von Hans-Joachim Malecki. Hoffmann von Fallersleben-Gesellschaft. Braunschweig 1956

Seite 80: Wolfgang Menzel: Ich male mir das Frühjahr. Originalbeitrag von Wolfgang Menzel
in Verehrung für Josef Guggenmos

Seite 83–84: Fred Rodrian: Marienkäferlein. Aus: Ein Pferd schwebt durch den Himmel.
70 Gedichte und Reime für Kinder und junge Leute..Der Kinderbuchverlag. Berlin 1989

Seite 85: Joachim Ringelnatz: Der Briefmark. Aus: Ringelnatz in kleiner Auswahl.
Henssel Verlag. Berlin 1957

Seite 87–88: Leo N. Tolstoi: Der Sprung. Aus: Kindererzählungen, Märchen und Fabeln
russischer Klassiker. Übersetzt aus dem Russischen von Manfred von Busch.
Alfred Holz Verlag. Berlin 1971

Seite 90–92: Maxim Gorki: Der Laternenmann (leicht verändert). Nach: Der Sputnik ist unser Zeichen.
Der Kinderbuchverlag. Berlin 1963. Autorenkollektiv – hrsg. von der Zentralleitung der
Pionierorganisation „Ernst Thälmann"

Seite 93–94: Christa Zeuch: Isabel spricht nicht mehr mit mir. Aus: Mut tut gut! © Arena Verlag.
Würzburg 1994

Bilder

Umschlagfotos: Peter Roggenthin, Nürnberg (Kletterpark); plainpicture (Kinder)

Seite 12 unten: fotolia.com, New York (Tim Aßmann)

Seite 13: Picture-Alliance GmbH, Frankfurt / Main

Seite 15 oben: Picture-Alliance GmbH, Frankfurt / Main

Seite 15 Mitte: alamy images, Abingdon / Oxfordshire (© Kari Marttila)

Seite 15 unten: Glow Images GmbH, München (ImageBROKER)

Seite 22: Christophe Gilbert, Bruxelles (www.christophegilbert.com/
Mit freundlicher Genehmigung der Volkswagen AG, Wolfsburg)

Seite 57: alamy images, Abingdon / Oxfordshire (David Bagnall)

Seite 62, 65, 67, 68 und 69: Atrium Verlag AG, Zürich (Illustrationen von Walter Trier. Aus:
Erich Kästner: Die Konferenz der Tiere. Cecilie Dressler Verlag, Hamburg. Atrium Verlag, Zürich.
© Atrium Verlag, Zürich 1990)